"三分生态系统"家庭教育系列图书

家庭教育，真知道

赵曼云 / 著

家庭仪式提升幸福力

海豚出版社
DOLPHIN BOOKS
CICG 中国国际传播集团

图书在版编目（CIP）数据

家庭仪式提升幸福力 / 赵曼云著 . -- 北京 ： 海豚
出版社，2023.4（2024.3 重印）
（家庭教育，真知道）
ISBN 978-7-5110-6287-1

Ⅰ．①家… Ⅱ．①赵… Ⅲ．①家庭教育 Ⅳ．① G78

中国国家版本馆 CIP 数据核字（2023）第 031015 号

家庭教育，真知道：家庭仪式提升幸福力
作　　者：赵曼云

出 版 人：王　磊
策　　划：成长家俱乐部
责任编辑：梅秋慧　白银辉
装帧设计：赵　欣　王艾迪
插　　图：潘蕾磊
责任印制：于浩杰　蔡　丽
法律顾问：中咨律师事务所　殷斌律师

出　　版：海豚出版社
地　　址：北京市西城区百万庄大街 24 号　　邮　　编：100037
电　　话：010-68325006（销售）　010-68996147（总编室）
印　　刷：涿州市荣升新创印刷有限公司
经　　销：新华书店及网络书店
开　　本：710 毫米 ×1000 毫米　1/16
印　　张：12
字　　数：183 千字
版　　次：2023 年 4 月第 1 版　2024 年 3 月第 3 次印刷
标准书号：ISBN 978-7-5110-6287-1
定　　价：36.00 元

家庭教育研究的优秀成果

　　我在病房看到赵曼云同志《家庭教育，真知道》即将出版的消息，就想写几句话向家长们推荐，但是当时健康状况让我动不了笔。如今一出院，我就匆匆忙忙来写几句。这是因为我认为曼云是个努力用心的人。这套书是她多年从事有关家庭教育咨询、培训等工作经验的结晶。她帮助过的家庭孩子成长的经历，特别是她自己的女儿成长的过程，丰富了她的认识，也验证了她的认识。把这些都总结起来，为更多的家长提供帮助，是一件大好事。

　　人的成长是一门大学问。简单的几个方法是不够用的，曼云的书名中"真知道"三个字含有深意。希望得到此书的读者能够真下功夫，认真阅读和领会，不负曼云的苦心。

　　当然，曼云也不可能穷尽有关家庭教育的一切规律性知识。实践无限丰富，实践在不断发展。永远会有许多新的问题等待我们去解决，永远会有许多新的知识等待我们去认识。我相信，曼云的认识也一定会不断地向前发展。

中宣部原常务副部长、中国家庭文化研究会原会长　徐惟诚
2023年2月25日　星期六

种子与土壤

孩子是种子。家庭教育的本质是把种子唤醒。

两千多年前，"西方的孔子"苏格拉底发现了这个秘密。他的母亲是一个接生婆，在母亲接生的过程中，他发现：孩子原本就在妈妈的肚子里，接生婆只是把孩子接出来，让人们看到孩子。每个孩子都是完整的，他们是带着生命的潜能来到这个世界上的，成人的任务就是唤醒孩子的潜能。正如苏格拉底所说："每个人身上都有太阳，只是要让它发光。"爱尔兰诗人叶芝有句名言："教育不是注满一桶水，而是点燃一把火。"家庭教育的本质正是要把种子唤醒，让他心中的太阳发光发热。

家庭是土壤。父母的责任是为种子提供有丰富营养的土壤。

真知道什么是爱的父母，才能打造出一片适合孩子成长的爱的土壤，从而让爱的种子生根、开花、结果，长成爱心大树。

不知道什么是爱的父母，只能给孩子一片贫瘠的土壤，让生命的种子干瘪，让爱的情感消失，最终长成恨的大树，结出恨的果实。

如何营造出爱的土壤？这是所有的父母期待回答的难题。

曼云用心写的这套《家庭教育，真知道》，为广大家庭该如何营造爱的土壤，提供了行之有效的方法。正是这种方法，让她拥有了知心的女儿和幸福的家庭。

曼云是我的学生，也是我的同事，更是我的朋友，我们在一起做"知心姐姐"的工作已经有多年了。曼云非常爱学习，她总是充满热情地在学习新的东西。她性格开朗、乐观，是一个才华横溢、善于表达的女孩。

这些年来，曼云努力地研究家庭教育，曾写出了很接地气的书《好妈妈，真知道》，这次又出新作《家庭教育，真知道》。她那种逼着自己学习研究的精神是难能可贵的。

仔细阅读这套书，我的心中一直涌动四个字：种子·土壤。

一颗好的种子，究竟需要什么样的土壤呢？家庭又该如何营造这样的土壤呢？书中提出了很好的建议。

曼云身为一位母亲，在多年的儿童青少年心理学研究和家庭教育实践中，她发现孩子的成长问题都可以从"身""心""育"三个方面进行解读。

好的土壤要具备三个条件：

条件一：宽松

生命的成长需要雨露。雨露能让土壤变得松软。

"身"作为生命的载体，需要宽松的环境。板结的、没有空气的土壤，是培育不出好的种子的。农民知道给种子松土，让种子有自由成长的空间。父母更需要给孩子创造出宽松和谐的生长环境。宽松是成长的雨露。

曼云说得好："孩子从小就拥有一个能让他轻松发言、充满好奇心、勇于试错、父母无条件爱他的环境，成长的道路才会是宽敞的。这样的父母才能帮助孩子成为一个积极有爱的人，一个拥有正确的价值观的人，一个人格健全的社会人。"

她说得好，也做得好。

她的女儿欣欣，是我的"忘年交"。十二年前欣欣出生时，我就去医院看过她。她是个早产儿，出生时才四斤多。乐观的妈妈、负责任的爸爸以及爷爷奶奶、姥姥姥爷用爱哺育着她、养育着她，给予她了十分宽松自由的成长环境，使欣欣从小就拥有乐观心态，敢说敢做。每年来我家玩，都会滔滔不绝地讲她们班里的"小破事儿"，常常讲得我捧腹大笑。曼云在旁边不停地拍着视频，默默地在支持着孩子尽情表达。

在这套书里，我最爱看的就是"欣大侠的小故事"。一个孩子能够敞开心怀诉说自己心中的快乐与烦恼，是可喜可贺的。没有宽松的家庭环境，孩子是不可能有这种性格的。

条件二：陪伴

生命的成长需要阳光。阳光的陪伴让土壤变得温暖。

"心"作为感受世界的器官，需要有温度的陪伴。没有人陪伴的种子长不好，没有人陪伴的孩子，心灵的世界永远有缺陷。陪伴是成长的阳光。

爱是需要表达的，只有陪伴孩子，孩子才能接受这种爱的表达。唤醒孩子不靠说教，靠身教。孩子从小不仅听父母说，还会看父母做，才会把做人做事的道理记在心里，变为自己的行为。

曼云长大成人后还没有忘记父亲、母亲对她说的话和为她做的事。她一直记得父亲曾告诉过她"工欲善其事，必先利其器"。父亲还曾委托老朋友从东北买了松木，请木匠给女儿打了一个宽大的写字台和两个结实的书柜。父亲这种严肃认真的态度，让女儿不得不把读书学习看作一件很重要的事。言行有度的父亲，用自己的言行在女儿心中埋下爱读书爱学习的种子。

父母的话，能让孩子一辈子记得住，忘不了，用得上，这才是真正的家庭教育。

曼云总结得很好："孩子因为父母的言行而感到安全、自由，在做事的过程中就显得更加大胆、独立，有信心；孩子因为父母的爱而心情愉悦，充满幸福感，面对父母时就能充分表达自己内心的感受；孩子因为父母的爱而感到被支持，有足够的空间自我探索，且对未来充满希望。"

所以，父母如果能够做到与孩子心与心的沟通，那么在孩子的征途中一定不会缺位。童年时你用心陪伴了孩子，当你变老时孩子也会用心陪伴你。

陪伴孩子时不能忘记尊重、接纳、平等、合作。切不可高高在上，打着"我爱你"的幌子，把爱变成伤害。当前有五种爱对孩子的伤害最大：

溺爱，让孩子变得无情；

替爱，让孩子变得无能；

骂爱，让孩子变得懦弱；

霸爱，让孩子变得卑微；

乞爱，让孩子失去尊严。

条件三：规则

生命的成长需要肥料。肥料让生命长得强大。

美国前总统罗斯福说过："有一种品质，可以使一个人在碌碌无为的平庸之辈中脱颖而出，这个品质不是天资，不是教育，也不是智商，而是自律。"

孩子不自律是本能，让孩子自律是本事。与其下功夫管孩子，不如让孩子学会自己管自己。管好自己就能飞。

管理自己，首先需要懂规则。

一个孩子只有懂得什么事该干，什么事不该干，才能在这个世界上生存。如果想干什么就干什么，一定被撞得头破血流。放手不等于放纵，自作必须自受。一个孩子从小能够对自己的行为负责任，才能成为有用的人。

"一个和谐稳定的家庭，必定是一个有规则的家庭。"曼云在书中提出家庭规则制定的"三要素"也是值得借鉴的：

第一，符合家庭成员共同利益，简单明了适用；第二，良好的关系是制定家庭规则的基础；第三，家规要有利于促进家庭关系良性发展，家庭成员要共同遵守。

父母要让孩子从小知道人生的红线不能触碰。如吸毒、赌博、欺诈、骗人、奢靡、贪婪、偷窃、假公济私……一点儿不能沾。

父母给孩子讲规则，就是给种子施肥。

孩子只有具备很好的规则意识，才能让童年生活在有序中保持规则，形成属于他们的乐趣；

孩子只有具备很好的规则意识，才能体会到生命的成长，感受到童年的价值，收获到属于自己的未来。

父母的一言一行、一举一动都是孩子模仿的内容，都是孩子的重要环境。你的恰当言行就是规则最好的体现，如同春雨无声，滋润万物。在家庭生活中，父母要求孩子做到的，自己首先要做到、做好，父母要将遵守规则当成一个习惯。

当规则意识深深地镌刻在一个人心灵的碑石上，当责任感自然而然地践履于个人的行动中，他就感觉不到规则的约束，感到的是义不容辞和责无旁贷。于是，自律也就形成了，精神的自我完善也就水到渠成了。

好种子需要好土壤，好孩子需要好家庭。好家庭需要好父母，好父母需要好孩子。

真知道这些道理，家庭教育就做好了。

知心姐姐　卢勤

什么是家庭教育，你真知道吗？

什么是家庭教育呢？近二十年，我接触了成千上万的父母。他们有些心存教育孩子的迷茫，想梳理前行方向；有些因孩子有着各种各样的问题，来寻求解决之法；还有一些已经和孩子"水火不容"，想让我帮忙把孩子"纠正"过来……在父母"解决问题"的迫切需求下，很多人认为家庭教育就是帮助父母管理孩子的教育。可以说，把家庭教育简单理解为管理的想法，是不准确的。

在从事家庭教育工作的这些年里，我接触了成千上万的家庭教育真实案例，深切感受到大多数家长通过看书、听讲座等方式掌握了不少家庭教育方面的理论知识，但在真正面对孩子出现的问题时却还是束手无策。我认为之所以出现这种情况，是因为理论与实践相脱节，也就是"知道"并不等于"真知道"。

要想和孩子成为朋友，拥有良好的家庭教育氛围，我们首先要了解家庭教育的几个鲜明的特点。

家庭教育的特点

第一，家庭教育是家庭成员共同参与的教育。

你可以设想两个人玩跷跷板游戏，如果一边上不去或者下不来，一定不只是一方的责任，而是这两个游戏者没有配合好。同理，在一个家庭中，焦虑的父母都拿着看似是孩子的问题而来，实际是整个家庭需要共同调整，父母先从自己身上找原因，才更有可能把因问题而受阻的生活继续下去。

第二，家庭教育是把孩子看清的教育。

很多亲子冲突起源于比较，一旦父母进入了把孩子跟他人比较的封闭视角，就很难对孩子做出公允的评价，极易产生负面情绪。作为父母，不妨把目光从"别人家的孩子"身上挪开，全方位地了解自己家孩子的智力发展水平、心理成长特点、解决问题的能力，给孩子最适合的教育。需要特别提醒的是，帮助孩子掌握和自己比较的能力也同样重要。

第三，家庭教育是把成长看远的教育。

父母在孩子成长过程中所能提供的家庭教育，对孩子的未来起到至关重要的作用。如此重大的责任，父母如果寄希望于那些靠"直击痛点"吸引流量的快餐文化、不切实际的心灵鸡汤，显然是难以圆满完成。

智慧的父母不是充当孩子成长路上的救火队员，而是为孩子的成长提供适宜环境的人，使他们具备建设积极自我、解决问题、规划人生的能力，最后成为一个能创建幸福生活、成就自我价值、对社会有用的人。孩子从小就拥有一个能让他轻松发言、充满好奇心、勇于试错、父母无条件爱他的环境，成长的道路才会是宽敞的。这样的父母才能帮助孩子真正成长为一个积极有爱的人，一个拥有正确价值观的人，一个人格健全的社会人。

我始终坚信，只有父母认真学习、系统规划，才是孩子积极成长、家庭健康发展的关键所在。过去近二十年国内心理咨询工作及与世界各地华人家庭交流的经验，为我思考家庭教育的底层逻辑提供了肥沃的土壤。2019年，我原创了家庭教育理论"三分生态系统"，并相继研发出十几套家庭教育课程。2022年，出版了家庭教育专著《好妈妈，真知道》。目前，已经有一万多个家庭了解这一理论并因此受益。

三分生态系统

"T.E.S.三分生态系统"是我的家庭教育系列丛书的内部逻辑框架。弄懂了它,你将能够更加顺畅地阅读这套书。

"三分"指的是"身""心""育"这三个方面。

身为一位母亲,在多年的儿童、青少年心理学研究和家庭教育实践工作中,我发现孩子的成长问题都可以从这三个方面进行解读。

"身"是生命的载体、客观的存在和规律,它决定了生命的长度。

"心"是心理感受,是人的主观体验,包括认知、情感、意志等,也是人和动物最大的区别。"心"决定了生命发展的广度。

"育"是指人在社会化过程中,为生存、发展而接受的教化、训练。现代社会中,智育能提高人的生存能力,让人们适应社会的发展;德育能提高人的道德水平,让人们受到尊重;美育能提高审美情趣,让人们生活更加幸福。因此,"育"决定了生命发展的高度和深度。

"身""心""育"三方面相互支撑,缺一不可,彼此既有边界,又互相融合;在不同的时间和空间里,不断变化,支持生命的多元发展。

用生态的概念来理解孩子,这个灵感来自我对众多家庭和自然界的观察与思考。

我经常带孩子们做活动,活动之前需要先跟父母做一些深度交流。当见到孩子时,我发现孩子的行为表现往往跟父母呈现出来的特点高度匹配。比如高控制的父母,孩子会畏惧表达;心态积极的父母,孩子乐观开朗;忽视孩子的父母,孩子谨小慎微……

自然界中也是如此,在每一片土地上,都有适宜那里自然条件的生物存活。而这些生物的特性并非生来如此,比如变色龙、奇异鸟、北极狐等,它们为了适应环境发展出很多生存本领,这就是适者生存。

可以说,孩子作为家庭中的一员,他们小时候和父母、家庭的关系就好比生物和环境,父母营造出来的成长环境就决定了他们发展出什么样的生存策略。

另外，孩子自身也可以被看作一个生态系统，自有他独一无二的特点。如果父母忽视这一点，一味去拿衡量别人的标准要求孩子，无异于抱怨自己的那株"小树苗"："别的树一周浇一次水就够了，你为什么三天两头浇水也不精神？别的树能开出美丽的花，你为什么只长叶子不开花？"……从生态的角度看，这就像强求绿萝开出玫瑰花一样可笑。

培植一棵树，我们尚且需要了解它到底是什么品种，有什么生长习性，适合在什么样的气候下成长……更何况教育一个孩子呢？

至于系统，我意在强调父母在处理孩子问题的时候需要用更加宏观的视角看待问题，这样他们才能够想到更多的影响因素，从而积极探索解决方案。

系统其实无处不在。我们每个人既有自己的个体系统，又身处系统之中，是系统中的一分子，而每个系统都有其独特的结构和功能。系统间相互联系、相互制约、相互协调，也相互促进。人和环境、人和他人、人和自己都是一个个互相关联的系统。

培养系统性的认知视角，是我的家庭教育理论中一块重要拼图。

真知道

在从事少年儿童成长咨询及家庭教育工作近二十年里，我通过接听热线、心理咨询、家庭治疗、开展活动等各种形式，得以广泛地接触到无数个家庭，听到过数以万计的故事。

无数焦头烂额的爸爸、心神憔悴的妈妈曾找上我，向我哭诉那个让他们束手无策的孩子。有意思的是，无论什么问题，结尾总是惊人地相似，这些父母总是会急迫地追问我："您说的这些道理我都知道，您就告诉我该怎么办吧！"

为什么都知道还会鸡飞狗跳？因为这些父母口中的"知道"和"真知道"之间还存在不小的距离。

听几堂课、读几本书、参加几场讲座，对很多父母来说仅仅是"知道"，当他们在现实中再次遇到棘手的难题时，依旧不知道如何把曾经学到的那些理论知识灵活运用。这就好比孩子背会了公式并不等于就能熟练解题，上了课、完成了作业不代表考试题目全都会做。

从"知道"到"真知道"看似只有一字之差，可实际上这个跨域的过程并非易事。

一方面，人们总会自动屏蔽那些跟自己不直接关联的信息，只专注并处理和自己的当下密切相关的事件。另一方面，从知道到"真知道"，是一个要经历离开舒适区并且为之改变的过程，这对任何人来说，都是一个巨大的挑战。

但如果你想要做出改变，达成认知上的觉醒、行为上的蜕变，就必须要跨出舒适圈。

跨越最简单的途径就是实践。

实践是检验真理的唯一标准。当你翻开这本书，说明你就已经有了想"真知道"的愿望，接下来你需要做的就是，让自己成为书中知识与现实家庭教育的桥梁，然后不断尝试、反思、纠错、运用。也欢迎你走进成长家园，联系成长家俱乐部，把困惑、经验分享给我，以及更多和你一样在家庭教育实践路上的朋友。

我相信比起任何一位专家，你才是最了解自己家庭的人。只要你还对家庭教育抱有希望，只要你还愿意花时间学习、成长，愿意做出改变，终有一天，你可以成为你们家的家庭教育专家，从"知道"变成"真知道"！

原则篇　　**爱、接纳和合作是家庭教育的基础**

文化篇　**家庭文化是家庭教育的总指挥**

原则篇

爱、接纳和合作是家庭教育的基础

在孩子成长的过程中，解决问题、人际交往和发展规划等方面的能力直接影响了他未来的人生观和价值观。而这些能力的培养，离不开家庭教育的影响。

追本溯源，方能扬帆远航。对于孩子来说，家庭教育是基石，是方向，也是成长的助力。因此在这个模块，我先从家庭教育的基础说起，和父母们一起探究如何用爱、接纳和合作给孩子带来受益终生的能力。

爱是家庭教育的根基，父母对子女的爱应该是无条件的，只有这样，父母才能在日常沟通中让孩子感到被尊重和理解。

在此基础之上，父母应提升无条件接纳的能力，懂得接纳是让孩子能向我们敞开心门的第一步。

实操的层面也是父母需要特别关注的，即在实际生活中，我们应用合作的态度、平等的方式，和孩子一起在轻松的氛围中实现共赢。

第一章

用无条件的爱陪伴，
是和孩子相处的最好方式

✎ 曼云会客厅 <<<

我的女儿叫兰兰，今年上初一，13岁了。她的同桌叫晴晴，她俩关系很好。

有一天，晴晴哭丧着小脸对我女儿说："昨天晚上，妈妈又骂我笨了。"

我女儿问："为什么啊？"

"上周末妈妈带我和姐姐去学轮滑，姐姐很快就学会了，我却不停地摔跤。妈妈看了不高兴，就一直说我动作慢、脑子笨。可我就是运动能力差，我也没办法啊！"

晴晴和她的姐姐空空是双胞胎。空空很聪明，学什么都一学就会，晴晴常常因此而感到自卑。

我女儿虽然是独生女，但是有个样样优秀的表姐，听到小伙伴的烦恼，她突然间感同身受、同病相怜起来。

回到家，兰兰闷闷不乐地把这件事和我说了，还试探地问我，如果她也有个空空那样的姐姐，我是不是就不要她了。我当然会要她，但我要怎么做，才会让兰兰放下这样的担心呢？

——来自兰兰妈妈的分享

💡 点对点，真知道

◎ **身**：父母对孩子的爱应该是无条件的。父母要让孩子知道，无论他是怎样一个孩子，有什么特点，都不会影响爸爸妈妈对他的爱。这种认知是孩子获得安全感的前提。

◎ **心：** 不少父母拿自己家孩子和别人家孩子对比时，总是随心所欲，忽视了孩子的心理感受。父母应该从共情的角度出发，就事论事，尽量仅对事件本身发表看法和给予建议。

◎ **育：** 最适当的比较教育，是让孩子"跟自己比"，激发孩子的上进心和成就感；其次是"用事情比"，同样一件事，让孩子看到别人的方法有哪些地方值得自己借鉴；最糟糕的就是"跟他人比"，尤其是总跟固定的某个人比，这会让孩子失去自信。

是什么

孩子最需要的爱，是父母最初对孩子的爱。

在家庭教育的所有内容里，我最想和你分享的第一条基本原则就是爱。

在家庭中，一般存在着两种爱：一种是亲子之间的爱，另一种是夫妻之间的爱。这两种爱最大的区别就是前者无条件，而后者则往往是有条件的。

当另一半做了令你不能原谅的事，当你觉得夫妻矛盾到了无法调和的地步，当夫妻间已经没有一丁点儿感情，感觉过不下去了，你都可能会选择放弃这段婚姻。

可是，你会放弃你的孩子吗？大概率不会。对于一个妈妈来说，放弃"自己身上掉下来的一块肉"可比放弃一个"人生旅途中半路入伙的家伙"难多了！

"血脉相连"，真是一个有魔力的词。让时光的万花筒缓缓倒流，回想一下你的宝贝出生的那一刻：或许是个午后，也或许是个子夜，当你听到孩子的第一声啼哭，你肯定就像看到刺破黑夜的第一缕晨曦一样激动难抑！

你珍重地从护士手中接过宝贝，小心翼翼将这个小小的生命抱在怀里。欢喜和爱怜之情就像暖流源源不断涌入心田，你的双手都忍不住颤抖起来……

在你的怀中，那个和你血脉相连的小家伙皮肤红红的，小脸皱巴巴的，此时正闭着眼睛哇哇大哭，一点儿也说不上好看，可是你怎么看都觉得他像一个小天使，觉得这是上天送给自己最好的礼物。力所能及地给予他这世界上最好的东西，是你此时此刻最大的心愿。

这种心情多年后依旧令你印象深刻。这就是父母对孩子最初的爱，也是孩子最需要的爱。这种爱是无条件的，只要宝贝健康快乐，别无所求。

为什么

随着孩子的成长，这种最初的爱慢慢地发生了变化。

当孩子健康长大，你会希望孩子"要是能更聪明就好了"；当孩子聪明伶俐，你又会希望他除了脑袋灵光还要"听话懂事"；当孩子懂事乖巧，你还会觉得有哪里不够完美，尤其是当你看到了"别人家的孩子"……

不知不觉，你对孩子的爱里已经增加了数不清的要求。这些附加要求时常让孩子感到迷茫。很多孩子心里都有过这样的疑问："爸爸妈妈究竟是爱我这个人，还是因为我的外貌、我的好成绩、我的唯命是从，或者是因为我能让他们在别人面前有面子才爱我？"

当你批评孩子时，孩子问："妈妈，你不爱我了吗？"你是否感受到了这句话中的委屈、不确定和恐惧？很多父母不知道，这些可能被忽略了的情绪，有可能会持续影响孩子未来的人生观和价值观。

在我这些年做过的心理咨询案例中，就有很多成年人走进咨询室诉说童年时的迷茫和痛苦，他们感受不到父母的爱，最大的愿望就是逃离父母。

网络上曾流传过一句形容父母和子女关系的话："父母总是在等待孩子的感恩，而孩子却总是在等待父母的道歉。"这句话很准确地描述了亲子关系中的一种冲突，冲突的一端是父母对孩子逐渐变质的"有条件的爱"，另一端是

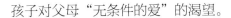

孩子对父母"无条件的爱"的渴望。

下面这两个故事，分别展示了这两种爱给孩子带来的不同影响。

兰兰6岁的时候，被妈妈送到老师那里学习声乐。

有一天，在练习《法国视唱》中的某一个唱段时，兰兰始终跟不上曲子的节奏。

兰兰又一次唱错了，妈妈很不满意，因为这个唱段兰兰已经练习了快一个星期了。

再次失误后，妈妈对兰兰说："你试试用节拍器80的速度练习一下。"

兰兰不太乐意，说："这个节奏太快，我跟不上。"

妈妈没办法，只能对女儿说："那我们不用节拍器再练一遍？"

兰兰点点头。

在妈妈严厉的目光注视下，这一遍兰兰唱得结结巴巴。试唱结束后，兰兰已经满脸通红，紧张得额头都冒汗了。

"没有节拍器就是不行，接下来还是按我之前说的练。"妈妈绷着脸说。

兰兰低着头，不吭声，似乎在用沉默表示反对。

看见兰兰这个模样，妈妈心里的火一下子就蹿起来了，她一拍桌子，大声道："兰兰，你到底想不想学唱歌？要是不想学，咱们就不要在这里浪费时间了。我费了很大功夫才给你请了现在的老师，老师看你这么不努力，会把你劝退的！"

兰兰眼眶一下子就红了，对妈妈说："我想学！"

妈妈的语气反而更重了："既然你想学，就要专注一点儿，不要老是犯同一个错误。看看你表姐，明明和你是一个老师，人家就比你大几个月，早就比赛拿奖了，为什么你表姐能做到，而你做不到？"

兰兰听到这里终于崩溃了，一把抓起乐谱摔到地上，对妈妈吼道："表姐、表姐，妈妈总是让我学表姐！每次大姨和你炫耀表姐又得了什么奖，你就要送我去学和表姐一样的东西。我看你就是想要一个能让你出去显摆的女儿！

你干脆去找表姐当你的女儿算了，还要我干什么！"

★ ★ ★

一年级时，咚咚的学校举办植树节活动，老师要求孩子们在活动当天自备铲子。为了避免孩子们意外受伤，老师特意强调，不要带金属材质的铲子。

活动前一天妈妈临时有事，到家已经很晚了，这才想起还没有给儿子准备活动工具。在妈妈准备出门买铲子时，咚咚跑过来对妈妈说："您不用去了，我已经准备好了。"

妈妈松了口气，紧接着提醒他："老师说不能用金属铲子，你没准备错吧？"

"没有，我的铲子是木头的，伤不了人！"咚咚拍着胸脯保证。

妈妈心想，孩子用的铲子一般不都是塑料制的吗？什么时候出了木铲子？由于这一天实在太累了，妈妈也没再深究。

第二天，妈妈兴冲冲地翻看班级群里老师分享的活动照片。

看着看着，妈妈觉得不对头。

这些照片中，儿子的表情都很敷衍，和其他小朋友一比，咚咚显得不太高兴。妈妈不由得有点儿担心。

很快，她就在一张孩子们举着铲子、水壶的合影中找到了答案。

其他孩子拿的都是塑料玩具铲，而咚咚垮着一张小脸，不情不愿地举着自己手里长长的木铲。

妈妈看那木铲越看越眼熟，儿子拿的是家里炒菜的木铲子！

妈妈当时就忍不住笑了出来，直到下午接儿子放学时还忍俊不禁。

咚咚在回家路上不太高兴地抱怨："妈妈，今天班上只有我没带铲子，太丢人了！"

"哪有，你不是带了铲子吗？"说着，妈妈拍了拍咚咚书包里露出的铲子把手。

"可是，只有我的铲子和大家的不一样……"咚咚还是没有释怀。

妈妈摸了摸儿子的头，笑眯眯地说："不一样又怎么了，木铲子就不是铲子了吗？能用不就行了嘛。"

"可是妈妈你不觉得我带错了铲子很笨吗？"

"怎么会！其他小朋友的铲子都是爸爸妈妈准备的，只有我儿子是自己想办法找的，这把木铲子不正是你独立和与众不同的代表吗？"

咚咚歪着头想了一会儿，也笑了。

"也对，我今天可拉风了，走到哪儿别人就看到哪儿！"

看到儿子重新开心起来，妈妈也安心不少。

到家后，妈妈拉着咚咚和炒菜的木铲子拍了张照片，然后配图发了条朋友圈，选择的图片分别是老师发在群里需要准备小铲子要求的对话截屏、孩子们的活动合影，还有咚咚抱着木铲子开心大笑的照片。

这条朋友圈收获了不少点赞，好多朋友都夸咚咚有想法，就连班主任老师都点了一个"赞"。

妈妈和咚咚一起分享大家的评论，说："哇，你们班主任一般不给家长朋友圈点赞，看来她也认为你今天的行为值得夸奖。"咚咚开心地翻了个跟头。

最后，妈妈还把朋友圈的照片打印出来贴在了咚咚的成长手册上，每每看到这张照片时，母子俩都会笑作一团。

这两个故事体现了被两种爱对待的孩子会出现两种截然不同的情绪，亲子关系也因此在悄然发生变化。

有条件的爱

当父母像兰兰的妈妈那样挑剔孩子、追求完美时，他们已经忽略了感受到爱是孩子进步的基石。孩子会因为担心达不到父母的要求而退缩，会因为害怕失去父母的爱而做事情畏首畏尾。长此以往，孩子会变得缺乏安全感，还会越来越不自信。

无条件的爱

当父母能够像咚咚的妈妈那样，站在孩子的角度去理解他们的行为，并且肯定他们的努力，孩子做事情时就不会因为担心被批评而瞻前顾后，由此也会越来越自信。因为他们能够在父母欣赏的目光中，相信自己是被爱的。

心理学中有一种说法：人一生都在追求1岁以前，从父母那里得到的那种温暖的感觉。这种感觉，不是新手机、新球鞋，更不是大餐、零花钱所能带来的，孩子们想要的只是父母最初的那份爱。

你要做的就是放下心中的各种"要求"和"条件"，给孩子一个机会，也给自己一个机会，让你和孩子回到最初，重温一下那份纯粹的、没有任何杂质的爱。孩子会在这样的爱里，感受到温暖、接纳与踏实，这会成为孩子内心自信与力量的来源。

怎么办

📖 爱，需要表达，更需要正确表达

中国人本性内敛，对孩子总是爱得深沉却羞于开口大声说出来。

可是你不讲，孩子的理解能力、认知水平又有限，怎么能准确捕捉到你的爱呢？有些父母可能会说："我虽然嘴上不说，可我的爱一直都在，就在日常的点点滴滴里，孩子若是有心，肯定能感觉到。"抱有这种观点的父母通常没有考虑到孩子"身、心、育"的发展特点，只是想当然地认为孩子"应该"理解。可事实却是，孩子真的很难准确理解父母没有表达出来的爱。

看到这里，有些父母会说，我表达了，为什么孩子还是不理解我？那可能是因为你的表达方式有问题。事实证明，表达方式不对，父母和孩子真有可能成为两个星球的人。

回忆一下，下面这类话语是否在自己的家里也出现过：

"你要听话！"要求孩子"听话"的爱，可能成为控制孩子的枷锁。比如不顾孩子的意愿，给他报各种兴趣班，以致孩子童年的回忆只有上不完的课。

"我这都是为你好！"以"为你好"的名义去压制孩子的想法和行动，会抑制孩子的发展。比如有的父母打着"保护和安全"的旗号，将孩子留在自己身边，让他失去了更大平台和发展的机会。

"听我的不会错！"这种观点会剥夺孩子选择的机会。有的父母以"好就业，收入高"为由，让孩子报考他们认为更好的专业，全然不顾孩子内心真实的追求。

如果你在平时会经常说一些类似的话语，那你就要小心了，你所表达的爱并不是孩子所需要的。父母正确的做法是依据孩子的认知发展规律来进行表达，这样才能达到预期的效果。

根据孩子的认知发展特点，2—7岁的孩子处在以自我为中心的阶段，他们只能从自己的角度来理解事物。当孩子捡掉在地上的食物并往嘴里送时，父母一般都会阻拦："脏，掉到地上的不能吃。"这时，孩子感受到的不是爱，而是父母不让他吃好吃的。再比如，当青春期的孩子想和同学去吃炸鸡时，妈妈说："你怎么总想着出去吃垃圾食品，家里的饭最安全！"这时，孩子感受到的也不是爱，而是妈妈阻止他和同伴自由交往。

由此可见，正确的表达方式能增进父母与孩子之间的了解。但是，爱是一种主观体验，用语言和行动表达只是形式，这些言行是否正确表达出爱，需要一个客观的判断标准。

父母可以通过"身、心、育"三个方面来对自己的言行进行判断。

身：孩子因为父母的言行而感到安全、自由，在做事的过程中显得更加大胆、独立，有信心。

心：孩子因为父母的爱而心情愉悦、充满幸福感，面对父母时孩子能充分表达自己的内心感受。

育：孩子因为父母的爱而感到被支持，有足够的空间自我探索，且对未来充满希望。

如果，孩子听到你的话语，看到你的行为之后，能有以上三个方面的感受，你的表达方式就没有问题。当然，做到这些不是一件容易的事。我们用两个生活中的案例来说明一下。

娜娜（16岁，女）从小在艺术方面就有自己独特的理解，可妈妈却总是不认同。

为了让妈妈认可自己，娜娜心里一直憋着一口气。

高一的时候，有一次学校举行艺术设计比赛。经过大半个月的准备，娜娜过关斩将杀进了决赛，最后通过自己优秀的表现取得了冠军。

妈妈当天也在比赛现场看到了女儿获奖的全过程，虽然表面显得淡定无所谓，但内心高兴极了。

只不过，当娜娜捧着奖杯一蹦一跳地来到妈妈面前时，妈妈忍不住又习惯性地说："一个学校内部比赛算不了什么，还是要把心思放在学习上，月底就要期中考试了，别净捣鼓这些有的没的！你卷子做完了吗？！"

娜娜就像被泼了一盆冷水，脸上瞬间没了笑容。

旁边一位家长有点儿看不过去，忍不住劝娜娜妈妈："孩子得奖了，你也不夸夸她？"

被别人这么一说，娜娜妈妈脸上有点儿挂不住，她看都没看娜娜的脸色，直接转头对那位家长说："你是不知道啊，这孩子有点儿小成就就容易骄傲得找不着北，我得时刻敲打敲打她，免得她太骄傲！"

当时，娜娜一直沉默，妈妈也很快就把这件事抛之脑后。妈妈却不知道，娜娜一回家就把奖杯塞到了衣柜角落里，之后再也没拿出来过。

★★★

咚咚小的时候不爱喝药，爸爸就想了个办法。

平时咚咚喝东西的时候，爸爸就会端起一杯水像朋友间干杯那样跟儿子"碰"一杯。

爸爸仰头一口闷干，有时还会对儿子来一句："我干了，你随意啊！"

咚咚此时也学着爸爸的样子，把自己小杯子里的水或者饮料一口喝干。这时候，爸爸就会拍着咚咚的肩膀大声夸赞："痛快！不愧是我的儿子，喝东西像我，男子汉就要这么豪爽！"

每次咚咚都会被爸爸"拍马屁"拍得小脸通红，久而久之也习惯了爸爸的这种沟通方式。

有时候，咚咚遇到不愉快，还会主动拿着自己的小杯子跑去找爸爸，要求来一场男子汉之间的对话。每到这个时候，爸爸总会积极配合儿子的要求，虽然儿子喝的是牛奶，爸爸喝的是绿茶。

久而久之，咚咚在生病的时候，喝药也不要别人劝了，举起小药杯自己就仰头喝了，喝完擦擦嘴，挺着胸骄傲地说："男子汉喝药也要这么豪爽！"

娜娜妈妈习惯采用批评、否定与打击式的表达方式，她的故作谦虚非但没能让女儿沉着稳重、戒骄戒躁，反而狠狠地打击了女儿的自信心。

咚咚爸爸及时鼓励、赞许式的表达方式，则让咚咚备受鼓舞，为了以后能当一个和爸爸一样豪爽的男子汉，他主动克服困难，还充满自豪。由此可见，想让孩子变成什么样，选择权在父母自己手里。

📖 爱，需要父母有效的陪伴

2019年，美国哥伦比亚大学、北卡罗来纳大学、加州大学的研究人员共同发表了一篇题为《父母在场，孩子从回避学习转为喜欢学习》的研究报告。

研究发现，父母是否在场，对孩子的学习行为偏好会产生影响。实验时，研究人员邀请了一些孩子在实验现场完成学习内容。当孩子在学习几何图形时，给出非条件刺激，比如让他们佩戴上耳机，里面播放着令人厌恶的声音，孩子们就会回避学习。而这时，请父母来到现场，情况发生了改变，大多数孩子会出现从回避到倾向的行为转换。

研究还发现，这种行为转换的情况，在皮质醇水平低的孩子中更为多见。皮质醇是肾上腺在发生应激反应时所产生的一种类激素。在压力状态下身体需要皮质醇来维持正常生理机能；如果没有皮质醇，身体将无法对压力做出有效反应。换句话说，如果孩子的皮质醇水平较低，自身面对压力的反应不高，在独自学习的过程中再伴有厌恶的因素存在，就会更加倾向于回避学习；而父母在场时，则会有效弥补孩子皮质醇水平低的副作用，帮助孩子产生倾向于学习的行为。

研究结果表明，父母在场这个条件因素，对幼儿时期孩子学习系统的建立起到了积极的作用。因为父母的陪伴对低幼阶段的孩子来说，传递了爱和关注。

你可以回想一下：孩子幼儿园举办文艺表演，当你去看排练的时候，孩子是不是表现得格外起劲？当你去参加幼儿运动会入场式的时候，有没有觉得孩子踢正步都比练习时有力了几分？

由此可见，在孩子年幼时，父母能给予有效且长期的陪伴，可以使双方建立起积极的亲子关系。当孩子渐渐长大，父母的陪伴不再紧密，但只要有父母在身边支持，就能为他们的前进提供动力。

乔乔小时候，爸爸工作很忙，是几个月都回不了一次家的"空中飞人"。

那时，妈妈为了让儿子知道爸爸对他的爱，逢年过节送礼物给儿子，或者儿子兴趣班交费的时候，都不忘对乔乔说："这个礼物是爸爸掏钱买的。""兴趣班的学费是爸爸付的。"

妈妈以为这样乔乔就能感受到爸爸对他的爱，殊不知在幼小的乔乔心里，那个总是来也匆匆去也匆匆的爸爸已经和银行自动取款机画上了等号。后来，爸爸也发现了这点，有次爸爸出差了好几个月后回到家中，乔乔见到爸爸第一句话就是"提款机爸爸回来啦"。

这句话让爸爸意识到必须要改变现状了。之后，爸爸调整了工作节奏，基本上保证每天晚上都能陪伴乔乔至少一个小时。

在陪伴的过程中，刚开始爸爸也不知道和儿子玩什么，便主动问乔乔的爱好，会去欣赏乔乔的小提琴比赛，看到乔乔喜欢的演奏家来开演奏会，还会悄悄买好票给他惊喜。

渐渐地，乔乔和爸爸的共同语言越来越多，"提款机"爸爸也变成了乔乔心中的"好朋友"爸爸了。

所以，不要让父母缺席成为家庭生活的常态。无论之前你的陪伴是什么样的，从现在开始你的有效陪伴一点儿也不晚。

最后，我想将泰戈尔在《流萤集》中写的一句诗送给你，愿你对孩子的爱如诗所言：

Let my love, like sunlight, surround you and yet give you illumined freedom.

让我的爱像阳光一样包围着你，而又给你光辉灿烂的自由。

欣大侠的小故事

陪伴孩子成长是一件有趣的事情。

从上小学开始，欣欣就独自在自己房间写作业了。我悄悄地多了一个新乐趣——隔三岔五去抽查一下，看看这个小姑娘独处时到底在做什么。每次打开她的房门，都能看到她在做各种各样的事情。我感觉女儿房间的那扇门就像一个神奇的万花筒，每转动一次把手，都能让我看到新奇的景象。

欣欣一年级时，有一次我打开门，发现她正专心致志地低头忙着什么。小脸绷得紧紧的，乍一看还以为她在做国家级的科学实验呢！走近一看，发现她在抠手里的橡皮。我看了一眼那块"满目疮痍"的可怜橡皮，忍不住问："人家橡皮好好的，没招你，没惹你，你抠人家做什么？"欣欣停下手里的动作，回答我说："我擦完字，发现白橡皮的一角变黑了，就觉得奇怪，怎么橡皮一变黑，铅笔字就消失了？我要看看橡皮里面有什么机关！"

二年级时，我有次打开门，发现桌子上的灯还亮着，可是椅子上的小人儿却不见了。转头一看，欣欣正四仰八叉躺在她的小床上呼呼大睡。圆溜溜的小肚皮一起一伏，脸蛋红扑扑的，就差打个鼻涕泡，这一觉睡得别提多美滋滋了！给她盖好小被子后，我安静地离开了，走之前可没忘了给她来张高清写真照！

升入了中年级，欣欣的花样更多了。有一次打开她的房门时，我很欣慰地看到这个小丫头正安安静静地低头写作业，这场景让我内心十分满足。看到女儿这么乖，我也没想去打搅她，正准备悄悄离开，"不带走一片云彩"，没等我关上门，欣欣发现了我的到来，抬头高兴地叫了我一声，这可把我吓了一大跳。

只见一张小花脸，黑的白的红的蓝的绿的黄的，像是一个调色盘，真是色彩斑斓。我看到桌子一角放着过年时她姑姑送她的儿童化妆盘，瞬间明白了是怎么回事。

我憋着笑问她："宝贝儿，你眼睛怎么青了？是撞到桌子角了，还是和人打架了？嘴巴怎么这么红啊，是不是又偷吃红心火龙果忘了擦嘴？"

"哎呀，妈妈，您这是什么眼神？"欣欣撇撇嘴，对我的"审美"很是不满，"没看出来我化妆了吗？看您天天出门前都要搞一大堆瓶瓶罐罐在脸上抹半天，我也试了试，看看这事到底有什么好玩的。怎么样，我的手艺不错吧？"

看着女儿若无其事中带点儿炫耀的小眼神，我仔细观察了她的妆面。

还别说，在老母亲对亲闺女的专有滤镜加持下，我愣是看出几分抽象的美感来。

"色彩运用相当大胆，挺艺术的！"我夸她，接着又问，"化完妆感觉怎么样？"

欣欣矜持地一摆手，"也就那样，过会儿我还得想办法把妆卸掉，弄脏了衣服就不好了，这件衣服新买的，我还挺喜欢的呢。"

事后这小丫头拿着我的卸妆水吭哧吭哧卸妆时，还不忘挤对我两句："也不知道这么麻烦的事你们怎么那么喜欢，大人可真奇怪！"

嘿！这小样儿！真是让我气得也笑不得！

类似的事情，在五年级时也发生过一次。那次是涂指甲油。欣欣看到别的小姑娘涂了指甲，于是周末回家自己也整了一套。只不过她给自己涂的是那种透明带亮片的甲油，导致我一时都没发现她的小动作。要不是最后欣欣实在受不了我的"迟钝"，自己跑过来举着小手显摆，我大概会一直奇怪她干吗老在我面前晃来晃去，还一会儿摸脸，一会儿摸头发。

周日，她自己乖乖找了卸甲水，卸了指甲油，还不忘对我抱怨："以后再也不涂了，指甲油味道太大，呛得慌。"

到了六年级，有一次我接欣欣放学回家，发现她似乎情绪不太好，坐车回家的一路上一句话都没说。我当时就想，这可有点儿严重了。不过，我没有强制欣欣和我说她到底怎么了。一是因为孩子语言能力不如大人，有些话不好组织，说不清楚；二是没准儿有些事孩子就不想和大人说呢。

于是，代替谈话，我开始对欣欣唱歌，旋律全是即兴，歌词通篇是"彩虹屁"，比如："欣欣是小天使，欣欣是小仙女"，或是"宝贝，你怎么能这么可爱聪明，你是天上的明月，你是地上的鲜花"。

我就这么一路唱，欣欣也一路听，就在我唱着唱着"欣欣是我的宝贝，我的心肝我的宝贝"时，恰好路过一家火锅店。可能是火锅店的招牌太显眼，我嘴里的歌词一不小心就拐了个弯，变成了"你是最可爱的，心肝脾胃肾，涮火锅的宝贝"。听到这里，欣欣扑哧一下没忍住，终于露出了一路上的第一个笑容。她笑着问我："妈妈，你都在瞎唱什么，我怎么就成火锅料了？"

"怎么瞎唱了，毛肚涮着多好吃啊！"

就这样，我们开始讨论起晚饭吃什么，欣欣的不良情绪也随着歌声和菜谱烟消云散了。

☆ 我想与您分享 ☆

这些年来，我陪伴着欣欣的成长，经常因为她的一些举动乐不可支。曾有一位朋友和我说："孩子小的时候，你看她做这些事的确是挺可乐的，可等到孩子大了，你就笑不出来了。"

我不这么认为。

父母的陪伴是一个长时间的过程，只有将爱当作打底色，陪伴才不会在时间的车轮下变形变质。

一年级时，欣欣抠橡皮不是因为她贪玩好动，我通过这件事看到了她的好奇心和求知欲。

二年级，我发现她写作业睡着了，没有大发雷霆，因为我知道这个年纪的孩子本来就比大孩子需要更多睡眠，这是她生理上的客观需求，我了解她，所以也理解她。

四、五年级，我看到欣欣化妆、涂指甲油后，没有马上上纲上线，批评她小小年纪就涂脂抹粉，不学好，因为我知道她打扮自己这件事本质上是她对大人、对同龄人行为的模仿。她会学我化妆，又何尝不是她试图理解我、接近我的方式？

六年级，当她心情不好时，我没有先去追问为什么。因为我知道这种重复的回忆会加剧她的坏情绪，很难建立积极有效的沟通。不如用她喜欢的音乐形式让她感受到妈妈对她的关爱，如果需要，她会来寻求我的帮助。

事实上，在家庭教育中有明确的边界和规则，在生活小事上给予孩子自由探索的空间，并不会导致孩子"学坏"。在亲身体验过后，孩子自己就会做出选择。就像欣欣，她尝试化妆，但她同样知道学校不允许这样做，所以不用我和她说，她也不会去故意违规，带妆上学。而这种"主动选择"的力量，远远大于"被动服从"。

爱是真诚的，我相信只要我爱女儿的初心不变，那么不管欣欣几岁，她在我眼中都是可爱有趣的。

第二章

用接纳的心尊重
——成就孩子自信的基石

曼云会客厅 <<<

我的儿子牛牛今年3岁，是个十分内向的小男孩。

从上幼儿园的第一天起，牛牛每天早上起床都要哭。等到了幼儿园，老师带领大家做早操时，只有他一个孩子站在原地不动。

有一次，我早上把牛牛送到教室，正好那天我没什么事，出于好奇，我就趴在教室的窗户外看看他在干什么。

我看到牛牛既不参与老师安排的活动，也不和其他小朋友说话。别人都在脱外套、洗手，准备吃早饭了，他还是一个人耷拉着小脑袋站在洗手池前，眼睛直愣愣地盯着地板，也不知道在想什么。

后来老师叫了牛牛好几遍，他都没反应。就这样，他站了将近有十几分钟，这才慢吞吞地走到餐桌那里坐下。

我在窗外看到这一切，心里既难受又焦虑。之后我又观察了好几次，牛牛都还是那样，我现在愁得整晚睡不着觉，不知道如何是好。

——来自牛牛妈妈的分享

💡 点对点，真知道

◎ **身**：牛牛妈妈对牛牛的第一句评价就是"是个十分内向的小男孩"，我对牛牛妈妈提出了几个疑问：牛牛的什么行为在什么时间、什么情况下表现出"十分内向"的特质了？妈妈对于3岁的孩子贴标签式评价有点儿为时过早，这么做不会起到积极的作用，反而会使父母产生焦虑。

◎ **心**：大多数幼儿刚上幼儿园都会有一个哭闹的过程，短则三五天，长则半年甚至一年。这些反应都很正常。有一种说法把刚上幼儿园这个阶段比喻为"心理断乳"，所以孩子紧张、焦虑、无措是正常的情绪。对于孩子来说，幼儿园是第一个需要他们独自面对的"社会环境"。他们从被多重关注且人员结构简单的家庭中，走进一个人员结构复杂、有多重关系、有新的规则和要求的环境中，要适应这个环境，并不容易。

◎育：父母首先要接纳孩子在适应期的各种表现，不要因不尽如人意就焦虑甚至指责孩子。更不要跟"别人家孩子"比，尊重孩子自身的特点，从认知、情绪、行为三个角度陪孩子共渡难关。

是什么

在这一章里，我将重点讲一讲家庭教育的第二条基本原则——接纳。

安全感是孩子实现自我管理、勇于探索和建立自信的前提。孩子能够在家庭中感受到父母的无条件接纳，可以令他充满安全感。你可能会说："可是孩子出现不认真完成作业、抱着游戏不撒手、跟家长说话时不礼貌等行为时，我也要接纳吗？"

这就是我想跟你分享的第一点：无条件接纳孩子这个人，有条件接纳孩子的言行。

你可能会问："这有什么不一样？"你可以设想这样一个场景，如果没有区分，当看到孩子出现不合理言行时，父母最可能的反应就是单纯地训斥、指责孩子。如果有"无条件接纳"孩子的概念，你在尊重的前提下，只是针对孩子的行为提出要求和建议，而不是全盘批评。

你会发现，当你用接纳孩子的心态对他们某些不合理言行提出建议时，结果往往要比单纯地吼一顿好得多。而且，前者是建设性意见引起孩子主动改变，更能帮助孩子养成良好的习惯。后者是因为孩子在心不甘情不愿的情况下不得不屈从于父母，很容易产生情绪的反弹。

我们作为父母，不可能对孩子完全没有期待，我们要努力做到的是，当孩子的某些方面达不到我们的预期时，并不妨碍我们对他的尊重，这才是真正的"无条件接纳"。

为什么

前面的内容里，我提到父母对孩子的爱是无条件的，可是这一点放在接纳上却不是那么容易了。多数父母很难"无条件接纳"孩子的想法和行为。

人总希望被别人"无条件接纳"，可是扪心自问，我们自己当真能对别人做到这一点吗？就算对方是自己的孩子，想必也很难做到。随着孩子年龄的增长，父母的要求也越来越多。当孩子的表现与预期的理想状态相差甚远时，父母失望、生气、恨铁不成钢的情绪总是最先冒出来，变成了"有条件的接纳"。

我听很多孩子说过："我只要学习好，说什么爸妈都会答应，床乱成一团糟也不会说我。要是成绩差了，他们怎么看我都不顺眼。好像只要我听话做个乖宝宝、给爸妈长脸，就能为所欲为，否则天天都会被吼。"

当父母对孩子的"无条件接纳"变成了"有条件接纳"，"接纳"在孩子那里就变了味道，变成了条件交换。长此以往，父母与孩子之间那种最初的爱也会变质。

也有一些家长认为"无条件接纳"就是对孩子无条件的满足、不切实际的夸赞，因此担心"无条件接纳"会把孩子宠坏，让孩子变成受不了批评、听不进劝诫的人。那怎样才能做到真正的"无条件接纳"呢？

怎么办

📖 从孩子的言行中，读懂他的性格

你可以思考这样几个问题：当你和孩子沟通时，他能理解你话语背后的深意吗？你知道他会做出什么反应吗？你理解他的这些反应背后的诉求吗？

也许，你觉得你们是最亲密的关系，觉得没有必要再多花时间了解孩子。但是，当沟通不下去的时候，你就需要静下心来分析背后的原因了。

最常见的就是发生冲突时，父母觉得讲理说不通，一发火，反而能快速达到目的。由此可见，有些父母虽然嘴上不说，但是他们心里是有些"轻视"孩子的。

他们认为，对待孩子的态度粗鲁一点儿没关系，反正孩子还小，不记仇。实际上孩子非常敏感，他们能凭借着近乎本能一样的直觉，识别大人们尤其是父母的情绪。父母是否认同自己，是否理解自己，是否支持自己……孩子在很小的时候就能感知到，尤其是那些代表着愤怒、不满、责备等负面情绪的话语、表情和行为。当孩子们从父母那里感知到这些信号后，不同性格的孩子就会做出不同反应。

根据孩子的反应，我大致可以将其分为"和平派"和"暴动派"。

其中"和平派"又能细分为三种类型。

第一种是"消极对抗型"。

这类孩子知道父母对自己不认同，可是那又怎样？"反正自己是爸妈亲生的，还能把我赶出

家门吗？""正所谓'他强任他强，清风拂山岗'，只要我心态好，岿然不动，长时间拉锯下去，早晚有一天老爸老妈会习惯我的。"

第二种是"审时度势型"。

这类孩子很会权衡利弊。当他们和父母力量悬殊时，通常会选择迎合，顺应父母的期待，从而达到保存己方"剩余力量"的目的。不过这种"一方刻意迎合另一方"所带来的和平一般不会持久。一部分孩子其实是在"明修栈道，暗度陈仓"。他们的想法是："先忍上个几年，等我长大了，你们就管不了我了！"

最后一种是"积极沟通型"。

孩子会选择与父母开诚布公，大家坐下来一起好好沟通，当双方意见不一致时，孩子和父母会通过有效的探讨，最终达成共识。这类孩子才是真正意义上的和平派。

与"和平派"相对立的自然就是选择"武装暴动"的"暴动派"。

这一派的孩子大多性格强硬倔强，宁折不弯。你越是反对，他就越

是坚持；你越不让他做什么，他就偏要做什么。

这种行为选择常常伤敌一千，自损八百，不过从孩子角度看，用这招对付父母有时候还挺管用。我曾经为一个家庭提供过咨询，孩子采取"你扔我摸

型，我倒你美酒"的针锋相对策略，最终，亲子关系越来越糟糕。

"暴动派"的孩子往往最让父母头疼。可对于孩子来说，没有人天生喜欢吵架，如果能够协商解决，他又何必策划"武装暴动"呢？

因此，要想做到无条件接纳孩子，首先你要读懂孩子，在此基础上才能真正理解孩子的诉求："接纳我！不管我是不是符合你们的要求，都请你们接纳真实的我！"

📖 "无条件接纳"让孩子感受到被尊重

如果让你回忆一件自己被人尊重的事情，此刻浮现在你脑海的会是怎样的画面？

人们的回忆各有不同，但我相信大家对被尊重的感受大致相同，那种感受应当是愉快的、自信的、美好的。

在家庭中同样如此。

作为父母，你需要认识到孩子的独特性，接纳他在成长过程中可能表现出来的一切，才能做到对孩子的尊重。这种来自父母的尊重，会在各种生活事件中对孩子产生影响。

下面这个故事中的亲子互动，能给我们带来什么样的启发呢？

有一个周末我去公园遛弯儿，走累了就找了个长椅坐下来休息。长椅前面不远处有一片湖，我坐在长椅上，吹着徐徐清风，欣赏着湖边美景，很是悠然惬意。

就在这时，一对母女走了过来，妈妈在我旁边的长椅上坐下来就打起了电话，女儿坐在她身边有些无聊。

小姑娘看上去三、四年级的样子，和妈妈坐了一会儿就有点儿坐不住了，站起来想要去湖边看看。

这时，妈妈正好挂了电话，看到女儿站起来，一把拽住女儿的手，张口就说："你怎么老老实实坐一会儿都坐不住？净到处乱跑，你是屁股下面长钉子啦？"

小姑娘挺委屈，撅着嘴解释说："我没乱跑，就想去湖边看看。"

妈妈听了眉毛都要竖起来了，揪着女儿就是一顿数落："看什么湖，湖那么深，你就不怕掉湖里？公园这么大，你瞎跑跑丢了，我去哪儿找你？你这孩子，怎么就不能让我省点儿心……"

其实湖边有半人高的围栏，小姑娘基本上不会发生失足落水的情况。另外，那个湖就是公园里的人工湖，也没那个妈妈说的那么可怕。

当天下午，湖边来来往往有不少行人，这位妈妈说话的声音很大，不少人都看了过来。我坐得近，整个对话过程听了一个真切。

我在一边有些尴尬，那个小姑娘发现不远处有我在，还有很多路人投来异样的目光，也很尴尬，全程只有她的妈妈一点儿都不觉得尴尬。

这位妈妈有可能是因为电话的内容导致心情不好，把怒火转嫁到孩子身上，也有可能就是因为担心孩子的人身安全而口不择言。但她在公开场合大声批评青春期前期的女儿，就是没有做到对女儿最基本的尊重。

她不了解或没有接纳孩子在这个年龄很难长时间无所事事的身心特点，也没有留意到孩子在大庭广众之下要面子的心理需求。可能对那个小姑娘来说，那个午后会成为她童年回忆中色彩暗淡的一笔吧。

另一个代表"尊重"的故事，则展现了亲子关系的另一种可能性。

自从这学期在生物课上学习了昆虫知识，咚咚（13岁，男）就对这种小生物产生了浓厚的兴趣。

　　妈妈发现咚咚这学期放学回家也不玩手机了，反而是一个人窝在自己的房间里不知道在捣鼓什么。

　　有一天咚咚上学后，妈妈在垃圾桶里发现了好多干掉的虫子，这可把妈妈给吓了一大跳。

　　等到回家，妈妈提起这件事时，咚咚犹豫了一下，有些紧张地说那是最近他制作昆虫标本时的失败品和边角料。

　　妈妈听到先是愣了一下，而后马上高兴地说："原来你有了新爱好，我就说你这段时间一直偷偷摸摸弄什么呢，你怎么不告诉我？"

　　"生物课上老师带着我们做了一次标本，我觉得很有意思，然后我又看了一部有关昆虫的纪录片，这才发现原来光是蝴蝶全世界就有14000多种！我之前抓了那么多虫子，可是我却一直不知道它们都叫什么名字，真是太不应该了！所以我就问了老师，又上网查了资料，自己开始学着做标本。"

　　"哇，你这个想法很好啊！"

　　"妈妈，你不反对吗？"

　　"我为什么要反对？你能通过这个爱好学到以前不知道的知识，而且在这个过程中你还能提高自己的动手能力和自学能力。妈妈高兴都还来不及，怎么会反对？你要是能坚持下去，没准儿你以后还能成为一个昆虫学家呢！"

　　"真的吗？"听了妈妈的话，咚咚眼睛都亮了。

　　"不过我对你也有个要求。"妈妈趁机对儿子提出自己的条件，"你以后把虫子带回来，一定要做好卫生，可不能把活虫子弄得满屋都是。你也不想穿衣服的时候摸到一条毛毛虫吧？"

　　咚咚想了想，觉得妈妈这个要求不过分，就痛快地答应了。

　　没过多久，爸爸知道咚咚有了这个新爱好后，也表示大力支持，亲自为咚咚打造了一个安全方便的"手工角"。

　　通过这个故事，我们能看到父母的接纳对孩子带来的正向影响。

妈妈接纳了咚咚玩虫子标本的爱好，爸爸在这个基础上还为儿子打造了"手工角"，这些都让咚咚感受到自己被尊重了。也正因为这样，在妈妈与咚咚沟通"要做好卫生工作"时，咚咚也能欣然同意。

当孩子真正感受到被接纳时，他是愉快的、开放的，面对父母时，他能畅所欲言。所以，当孩子在你面前小小地"任性"一下时你应该感到高兴，因为这是他知道自己被接纳的表现。他信任你、依赖你，仗着你的理解和支持"恃宠而骄"呢！

而有些常被人称赞"懂事"的孩子其实只是顺从，碍于家庭内部"苛政猛于虎"，为了能让家长满意，家庭氛围和谐，孩子不得不暂时忍气吞声、谨言慎行罢了。

真正自信独立、有安全感的孩子并不会事事顺从父母的意见。他们对一些事情会有自己的独到见解，甚至可能会偶尔"犯上"和父母顶顶嘴，但是在大是大非上这些孩子却又通情达理，十分可靠。这类"和平派"孩子只有在气氛民主平等、成员广开言路的家庭中才能培养出来。

父母的接纳是孩子内心安全感的重要来源之一，他们会因此而勇于尝试、敢于表达，变得越来越自信。

📖 提升"无条件接纳"的能力

在理解孩子行为背后的深意、了解无条件接纳对孩子的影响后，你有没有发现自己的孩子有些不一样了，你是不是也发现自己能更理解他们了？如果是这样，那么恭喜你迈出了重要的一步——先理解，后接纳。

人们总是习惯从自己的角度解读现象，当现实和"理想状态"不符时，第一时间产生的情绪往往是不满。我们常在网络上看到的很多家长教幼儿园小朋友或小学生写作业的视频中，孩子们各种神奇的反应和父母气得跳脚的状态形成鲜明对比，却很少看到有家长教中学生或是大学生时出现此类情况。

这些家长没有从孩子的角度理解他们的行为。因为自己做"1+1=2"之类的题目信手拈来，所以当孩子出错时，他们理直气壮地批评孩子；而当一道高中数学或物理题摆在面前时，他们自己揪着头发、咬着指甲也不一定能解出来，自然也就没有底气对着孩子发火了。

网上曾有一个关于一年级小朋友做题的视频。

视频中，题目的配图是《西游记》中唐僧、孙悟空、猪八戒和沙和尚四位主人公，问题是：图里有几人？

一个孩子回答有两人，因为他认为孙悟空和猪八戒是动物。

通过这个例子你会发现，在同一件事情上，孩子和大人看待事物的视角、思维方式以及认知能力都有很大不同。

比如孩子"尿裤子"这种事，相信很多父母都遇到过。当上小学的孩子尿裤子时，你是如何做的呢？你可以把当时的想法和行为写在横线上。

你可以从"T.E.S.三分生态系统"的角度，检视自己在面对孩子时的言行是否做到了以下几点。

第一，接纳孩子的"身"：面对孩子的状况，考虑他们的年龄、个性、生活、学习、环境等客观条件。

孩子的能力是随着年龄的增长不断提升的，比如低龄的孩子学习时所花费的时间要比高龄的孩子更多，因为他们认知水平较低，并且不具备知识基础和学习经验。

第二，接纳孩子的"心"：用理解的心，接纳孩子独特的情绪特点。

对同样一件事，不同年龄、不同性格特点的孩子心理感受不同。比如突然听到一声巨响，有的人呆若木鸡，有的人惊慌失措，还有的人兴奋得要去一看究竟。

你的孩子具备哪些独特的情绪特点呢？是比较冷静，还是容易激动？是镇定自若，还是紧张兮兮？接纳孩子的父母在这方面不会要求孩子给出一份"通用答案"。

第三，接纳孩子的"育"：孩子在成长过程中的社会化发展不可忽视。

父母往往容易"以己度人"，自己觉得简单的事就认为孩子也应该轻易学会。当孩子答非所问时，父母往往因为"这么简单你都不会"的认知而生气甚至迁怒于孩子。

接纳孩子还包括接纳他们因为身心发育、储备内容有限而造成的对新知识的不理解。

接下来这两个与"尿裤子"有关的案例可能会对你更有启发。

格格上二年级后，正是她妈妈工作特别忙的时候，每天下班都很晚。因此，她放学后先被接到奶奶家，等妈妈忙完再接她回家。有一天回到家，妈妈发现她穿的不是早上走时的衣服，很好奇："怎么换衣服了？"

　　格格急忙回答："我今天上厕所太急了，裤子上沾了一点儿，奶奶干脆让我洗了个澡，衣服全换了。"

　　"那太好了，谢谢奶奶！换完衣服回家，妈妈就省事儿了。"

　　过了几天，格格回来又换裤子了，妈妈忍住笑，直接问："你又尿裤子了？"

　　格格说："没有。"

　　妈妈继续一本正经地问："那你拉裤子了？"

　　格格反应很快："没有。妈妈，怎么您说得我跟大小便失禁似的。"

　　说完，母女俩哈哈大笑。

　　在这个例子中，格格妈妈因为学习过"T.E.S.三分生态系统"，充分考虑到格格身、心、育三方面的特点，第一次表现出完全接纳的态度。第二次，她依然选择用开玩笑的模式来讨论。相应地，格格也感受到了妈妈的包容和接纳，所以她也能用机敏幽默的口吻来讨论自己尿裤子这件糗事。因此看似一个"不应该"的行为，成就了她们母女一次快乐的回忆。

　　听格格妈妈分享完这件事后，我想起多年前一位因为总是尿裤子被父母带来咨询的小男生强强。

　　咨询的时候强强10岁，上五年级。

　　几乎一落座，强强妈妈就迫不及待地对我说："就因为他尿裤子，我们这么多年都不敢出远门，生怕在外面不方便的时候丢人。我们打也打了，骂也骂了，教也教了，医院也去看了，都说没毛病。方法用尽了，但他就是改不了。"

　　我请他们详细说说。

　　强强爸爸说："刚开始上幼儿园的时候，因为家里都是坐便，他不太会使用幼儿园里的蹲便，胆子又小，有事儿不敢叫老师，就经常尿裤子。刚开始，我们是给强强带着裤子，请老师给换。后来可能太频繁了，老师给换得也没有那么及时了，于是强强就经常穿着湿裤子回家。"

我问："我听您说方法用尽了，那时候你们做了些什么呢？"

强强妈妈说："小班的时候吧，尿裤子也很正常，没有几个孩子不在园里放一条换洗裤子的。回来我们就把湿裤子给换了，告诉他有事儿就报告老师，该去厕所就去厕所。可是上大班了还尿裤子就有点儿说不过去了，有时我回来就训他，也打过屁股，可是都不管用。"

强强爸爸连连点头，"可不是，上了小学还尿裤子，像什么话？！就因为这，同学们有时都不愿意跟他坐同桌。连带我在家长群里也抬不起头来，能不发言就不发言。这几年，我们带他去几个大医院检查，发育没有问题，还是他自己不争气。上个月，一个医生推荐我们找心理老师看看，我们这才来。"

而在这个过程中，强强一直低着头坐在沙发的一角，一声不吭。

你可以思考一下，强强妈妈咨询时说的"方法用尽了，但他就是改不了"，这种表达是不是很熟悉？他们显然想了办法，但这些办法没有接纳做基础，很难解决实际问题。

而爸爸说"上了小学还尿裤子，像什么话"又传递给孩子"不被接纳"的信息。这些都使得一家人从来没有在真正意义上共同面对"尿裤子"这件事。

如果孩子身上出现了一个"不良行为"，而你一时不知道该怎么办，请先不要发火，可以使用"T.E.S.三分生态系统"的思维方式，系统地从三方面评估孩子当前的具体情况，就更能理解并接纳他的表现，也更容易找到适合孩子当前特点的教育方法。

身：先理解并接纳。孩子在当下这个年龄阶段，神经、肌肉控制能力都还在发展中；同时，也有可能是孩子因为不熟悉幼儿园蹲便、还没有学会擦屁股等而选择憋着，才会尿裤子。

心：理解性格内向的孩子在幼儿园和老师相处时会情绪紧张，不敢在上课时提出上厕所，在尿裤子以后怕看到老师异样的表情、害怕被小朋友嘲笑、担心被父母指责等心理因素。

育：只有经过上述两方面的系统思考再去理解孩子当时的处境，你才有可能用平和的态度，去和孩子一起面对"不良行为"。了解为什么会发生尿裤子的行为，理解他当时的情绪并能及时给予安慰，最后才有可能给出有用的建议。比如提前和老师打招呼，孩子想上厕所时，可以主动走到老师的身边轻声说出来，请老师给予鼓励；如果担心孩子控制不住，就告诉他每次课间都去一次厕所；等等。这样以理解和接纳为前提的教育才能真正有效地帮助孩子克服困难。

相反，如果父母带着不耐烦、嫌弃的态度来对待孩子，父母的言行会导致孩子对自己的行为甚至是自己这个人，都产生羞耻心和自责情绪，以致越来越紧张、胆小，面对问题时也会越来越恐惧，继而逃避。这种情况下，孩子非但没能从父母的接纳中获得被尊重的体验，勇敢地去克服困难，反而会在父母的指责声中使问题不断恶化。

现在，回到之前的那个问题，如果现在让你重新面对孩子尿裤子的问题，你又会怎么做呢？

欣大侠的小故事

在欣欣很小的时候，有一次不知道她从哪里翻出来一根废旧铁丝，拿在手里串珠子玩。

我见了很着急，怕她一不小心伤到手，于是和她说话的时候语气就有点重："快放下，你怎么什么都拿在手里玩？"

欣欣被我吓了一跳，放下了手里的铁丝，然后突然忍不住哭了起来。

有趣的是，她一边眼泪唰唰地掉，一边嘴里还吐字清晰地"控诉"我态度恶劣。

"妈妈，你突然间那么凶干什么？"

"我们之前不是说过大家有事都要好好说话吗，你怎么还对我大嗓门？"

"你吓死我了，我差点儿就把好不容易串好的珠子都弄掉了！"

"妈妈，你还是我的好妈妈吗？"

小丫头这话是一句接一句，跟机关枪似的，我当时听了都有点儿哭笑不得。

我马上为自己的态度向她道了歉，又拉着她坐下来，心平气和地告诉她，玩废铁丝，如果不小心划伤了手，是有可能感染破伤风的，到时候她就要去医院打针了。这也是我当时态度不好的原因，并且我很真诚地告诉欣欣："妈妈关心你，但是妈妈也要注意表达关心时的语气，控制好自己的情绪和语言，以后我们俩一定要好好说话。"

经过一番谈话，我们母女俩相互承认了各自的错误，握手言和。

☆ **我想与您分享** ☆

　　其实欣欣经常这样和我"顶嘴"，但我基本上都不认为这种行为是"忤逆"，相反，我甚至因为她哪怕一把鼻涕一把泪的时候，还能表达她的感受和需要而感到欣慰。

　　因为从小我就和欣欣说，不管发生了任何事，都要学会表达自己的想法，不要把不满和疑惑憋在心里。你不表达，别人又不是你肚子里的蛔虫，怎么可能知道你是怎么想的呢！所以，从小到大，欣欣都很喜欢表达。

　　每当欣欣滔滔不绝时，我和欣欣的爸爸都饶有兴趣地听她的长篇大论，认真倾听的同时，遇到不懂的地方还会提问。就这样，欣欣不仅表达能力越来越强，表达内容涉及的范围也越来越广。也正是因为她的童言童语总是被我们认真对待，她能感到无论表达出什么样的内容，我们都会接纳她。欣欣的内心也因此充满了安全感，所以才有了她一边哭一边"控诉"我的这一幕。

第三章

用合作的立场支持
——亲子共赢的有效模式

曼云会客厅 <<<

我有两个儿子，哥哥今年上初一，弟弟上小学四年级。

上周末，兄弟俩坐在各自的书桌前写作业。哥哥早早地完成了自己的作业，我检查过后，允许哥哥玩一会儿手机。

另一边，弟弟的作业还差一大半没写完，他看一眼哥哥的手机，又看一眼我，抓耳挠腮，试图用眼神打动我。

但我坚持先写完作业后玩手机的原则。就这样，弟弟拖拖拉拉地又耗了快一个小时，才终于把作业对付完。

"妈妈，我能玩手机了吧？"弟弟眼巴巴地问我。

我检查了下弟弟的作业，虽然题都答完了，可是有错误。我见了不是很高兴，但之前说好了，所以只同意他玩一会儿手机："你写作业花的时间太多了，又有错误，所以你只能玩半小时手机。其实你的作业非常少，如果不拖拉，早就写完了！"

半小时过去了，我去收手机，弟弟不给，还气愤地说："凭什么哥哥能玩一个小时，而我只能玩半小时？"

"因为哥哥不用我催就自己写完作业，而你磨蹭了老半天还一大堆错题！"我说的时候火气都快压不住了，说完一把拿过手机，任凭弟弟怎么哭闹都不理。

弟弟很生气，路过的时候趁机踢了哥哥一脚。晚上睡觉时，哥哥发现自己的被子也被弟弟扔到地上了。这样的事情每天都上演，我已经焦头烂额，不知该怎么办了！

——来自C女士的分享

 **点对点，真知道**

◎**身**：世界上没有两个完全一样的人，即使在同一个家庭生长的兄弟姐妹也各有不同，他们的性格和行为习惯都会有差异，而这些不同都需要父母接纳和支持。父母要尽量避免用自以为的对与错来区别对待孩子。

◎**心**："比较心理"是人在群体中生存、适应环境和开展学习时常见的心理机制，合理的比较可以促进人多方面的发展。如果父母在子女间总是使用对比性评价，则容易使他们产生竞争性心理，不利于家庭成员建立良好关系。

◎**育**：多子女的家庭不要追求任何事情都"一碗水端平"。孩子们之间年龄、性格、学习阶段、兴趣都不同，所以父母对孩子的期待和要求最好因人而异。在制定合理的目标后，父母记得把任务还给孩子，把自己放在合作者的位置上。

是什么

家庭成员之间最好的关系是合作。

借着"会客厅"里的这个故事，我想引出一个概念——合作。

合作，是团体中的高级关系。在工作场合，大家都能意识到合作的重要性，但在家庭中，人们却往往会忽略这一点。

家庭中发生的重要事情都应该经历家庭成员共同承担、共同决策、共同执行的各个阶段。这一点非常重要，当你掌握了合作这条基本原则，在日后的家庭教育中就更容易把握对待孩子的尺度和分寸，你的养育之路也会变得越来越轻松。

对待孩子，父母要学会用合作的形式给予支持。尤其需要注意的是，孩子成长的责任主体并不是父母，而是他自己。

为什么

父母与孩子的关系不是投资，而是养育。

有一部分父母在养育孩子的过程中倾向于扮演"奉献者"的角色。这类父母在养育孩子的过程中全身心地投入，尽职尽责。但另一方面，为了孩子全情付出而不计较任何得失的行为，也使他们产生了一种理所当然的态度，那就是自己可以对孩子提出任何要求。

正如我做咨询这些年，从父母那里听到最多的一句话就是"孩子不听话怎么办？"

当孩子没能执行父母的要求时，父母的认知被"孩子不听话"的感受填满，继而感到生气、失望，已经无暇分析孩子的言语和行为有多少合理性了。

不过站在这些父母的角度，这种想法也不是不能理解。

试想一下，父母付出了青春、金钱、精力，没准儿还付出了健康，想得到回报也是正常的。这时候，如果跟他们分享纪伯伦散文诗《孩子》中的诗句："你的儿女，其实不是你的儿女。……你可以给予他们的是你的爱，而不是你的想法，因为他们有自己的思想。"这不亚于和一个全部家产被股市套牢的人说"钱财乃身外之物，生不带来，死不带去"，那这个人还不得被气得火冒三丈啊！

这就是因为父母付出得过多，和孩子绑定得过紧，教育孩子仿佛变成了投资行为，孩子乖巧、懂事、学习好时，父母就像押对了宝。比如我就经常被人羡慕："有一个欣欣这样的孩子，你真幸运啊！"反之，当孩子没有按父母希望的路径发展，就像下错了注，差异越大、沉没成本越高，父母就越可能陷入难以脱身的窘境。巨婴、妈宝、啃老族就是在这种纠缠的关系中被培养出来的。

这也是为什么我们经常会听到父母对孩子抱怨"我为你牺牲了这么多，你还这么不听话！"实际上，孩子"不听话"行为背后的合理性及正常需求都被忽略了。

怎么办

把成长任务还给孩子

很多父母只是从字面意义上看待"孩子成长"四个字，实际他们却包揽了在成长过程中本应属于孩子的责任。

曾经有一个大学生因为人际关系的问题被爸爸妈妈带着来咨询。上大学是他第一次独自离开家。父母送他到校后，在校外租了间房子住了一个多月，才百般不放心地走了。周末跟同学一起出行，他连怎么坐公交车和地铁都不会，一问原因才知道，父母从来不放心他独自出行，到哪里都车接车送。小伙子长得高高壮壮，但父母临走还是充满了担心，担心他吃凉了、睡冷了、走丢了。在学校里他对同宿舍的同学不满意，父母第一时间赶过来帮他处理。我看着他父母像对待小宝宝一样呵护着他，心里有种说不出的怜悯。

这样的父母和孩子形成了一种扭曲的共生关系，谁离开了对方都不适应。这种关系中，没有合作，只有一直不撒手的父母和得不到锻炼的孩子。如果这样的关系得不到改变，别说孩子成年了，就算结婚生子后，父母依然会用他们日渐老去的臂膀强行支撑着孩子的人生。

孩子应该在相应的年龄阶段完成必要的发展任务。比如，在小学阶段，除了成绩，还需要建立勤奋感和自信心。当扭曲的共生关系中的平衡被打破时，孩子需要回头"补课"，但这种"补课"因为错过了最佳时期而变得很艰难——往往父母付出了数倍的努力还收效甚微，而孩子付出的不只有时间，还可能对父母心生埋怨。

所以，明智的父母会像朋友一样，用合作的态度跟孩子一起面对学习和生活中的问题。

📖 既不包办替代，也不放任自流

教养孩子时，具体要如何拿捏尺度才合适？许多父母都曾为这个问题而苦恼。如果把教养的尺度看作一条数学横轴，在横轴的一端是孩子的大事小情全都由父母包办替代，另一端是对孩子不加干涉全然放任他自由生长。是靠近包办代替以更好把握方向，还是偏向自由放任来释放孩子天性？有这种想法的人其实已经陷入了二元论的陷阱。

其实，家庭教育从来都不是非黑即白的，两者之间并不矛盾。我以学校教育风格为例来进行说明。随着教育界对教育改革的不断探索，近些年来在全国各地陆续出现了与应试体制下传统学校风格不同的公立或私立学校。同时，一部分父母也在对中西方教育体系进行比较、反思后进行了不同的尝试。他们有些把孩子送去国外接受西方教育，有些为孩子申请了校风更加自由的私立学校，有些选择边环游世界边带着孩子进行"游学"式学习，还有些在让孩子接受应试教育的同时也不忘加强孩子的素质教育。

具体哪种方式能让孩子更加优秀，我们现在尚不能轻易下定论，但确定的是没有哪一种教育制度是完美无瑕的。应试教育的优势在于能够更好地帮助大部分学生夯实基础知识，另一边，西方的教育体系则更倾向于培养学生在团队合作、辩证思考、创新探索等方面的能力。想要培养一个全面发展的复合型人才，这两方面缺一不可。重要的是父母需要在这两种风格之间找到联结。同时，孩子的自身情况也需要纳入考量。你需要思考你的孩子在学习的时候更喜欢哪种教育风格？把循规蹈矩或是自控能力差的孩子放到一个完全放任自主的环境里，可能会让孩子无所适从；同样的，把思维发散或者在某方面极度偏科的孩子放在一个管理严格的学校也会让孩子喘不过气来。

父母需要把这些因素都综合到一起思考，然后进行选择，并尝试在两种风格中取得平衡。连接这两端的桥梁就是合作。

合作是一种能力，而不是与生俱来的天赋，并且这种能力会受到家庭角色定位的影响，以及所处的社会文化氛围的影响。

合作的背后是平等、信任、责任和权利共存，是相互支持、相互尊重，而非一方对另一方的控制，也不是一方对一方的全然托付。由此可见，合作不仅是桥梁，更是纽带。

如何成功搭建合作的桥梁，有效避免非此即彼的心理作祟呢？你可以尝试使用"T.E.S.三分生态系统"的方法。

身：在日常生活中，系统客观地看待每件事的前因后果，尤其需要结合孩子的身心发展规律，认识到这件事中哪些是孩子能力所及的，哪些是孩子目前确实做不到的。

心：不要只关注事情本身和讲道理，却忽略了孩子的情绪。有时候心理感受决定了一件事情的发生、发展。尊重孩子的真实体验并努力理解他们，耐心的倾听和适时的鼓励是帮助孩子成长的重要法宝。

育：不要急于否定孩子的想法，也不要武断地"全部包揽"。先请孩子尽情说出自己的想法，哪怕其中有不合理不现实的部分，家长也不要急于否定。和孩子一起探讨这件事情的可行性。对于可行的部分，要鼓励孩子自己做；对于不可行的部分，一起探讨解决的方法。这样能最大程度调动孩子的积极性。

一天，娜娜家里发生了一件大事。我们来看看他们是如何用"T.E.S.三分生态系统"的方法，成功搭建起合作的桥梁，顺利完成挑战的。

这一年的暑假到了，娜娜忽然对爸爸妈妈说，趁着高三还没来，她想去西藏看一看。

爸爸妈妈都很惊讶，他们从来没想过去西藏，虽然那里的自然风光和文化的确吸引人，但是高海拔可能会带来的危险又让他们有点儿犹豫。

娜娜可不是这么容易打退堂鼓的。连续几天，她都在努力说服爸爸妈妈。

她不仅搜索了西藏旅游攻略，还给了三个充分的理由。

第一，很多60岁以上的老人去了西藏都没问题，自己和家人平时有锻炼的习惯，吃嘛嘛香，身体倍儿棒，应该不会有太大的高原反应。此外，还可以准备好药品和设备，以备不时之需。

第二，如果担心长途开车危险，可以坐火车，到了当地再请一个地陪，这样不仅有了司机，还能更好地游玩。

第三，娜娜认为这个暑假是最好的时机，如果现在不去，进入高三之后她就没有时间了。

爸爸妈妈没想到娜娜是有备而来，一来二去还真被女儿说得有几分心动。最终全家一致通过了娜娜的提议。

不过，既然西藏之行是娜娜提出的，爸爸建议让娜娜自己来做这次西藏旅游的攻略，包括交通、食宿、参观的行程安排以及开销预算。

在做攻略的过程中，娜娜可以自己去查资料，也可以来咨询爸爸妈妈。如果最后娜娜的攻略得到了全家人的点赞，爸爸不光报销本次西藏行的全部费用，还会在暑假结束前额外给女儿一个奖励。

娜娜第一次在家庭中被委以重任，一下子像被打了鸡血一样，连续几天进行大量的搜索和查阅，誓要拿出一份让爸爸妈妈赞不绝口的旅游攻略。

几天后，娜娜向爸爸妈妈展示了她这段时间的工作成果。让爸爸妈妈惊讶的是，女儿不光制订出了相当详细的出行攻略，而且还给出了三份出行计划供选择。

娜娜举着三份计划，一一介绍："我称这三份攻略为'西藏行的 α、β、Σ 计划'。α 计划的预算最高，我们这一路来回坐高铁，到了当地找地陪，吃喝住行都按最高级别的算。β 计划是自助游，与 α 计划的区别是需要爸爸开车去。Σ计划是跟旅行团，费用最低，缺点是行程不够灵活。"

"哎呀，娜娜你这可是超额完成任务啊！"爸爸惊喜地说道。

"你可真是太让妈妈惊讶了，从这三份计划中我能看出闺女青出于蓝而胜于蓝了。"妈妈也不再是那个"泼冷水"的妈妈了，她给了娜娜很大的肯定。

一家三口经过讨论，一致决定采用α计划。爸爸也兑现了自己之前许下的承诺。

通过娜娜一家的故事，你能看到当她提出想去西藏的想法时，爸爸妈妈虽然惊讶，但没有马上指责女儿异想天开，而是耐心地听取孩子的理由，然后在家庭会议上一起讨论娜娜的计划是否可行。当娜娜的提议被采纳后，爸爸妈妈也并没有大包大揽，反而给女儿提供了一个担任"项目总策划"的机会。在娜娜积极做规划时，父母也没有完全不管，而是明确表示会随时为女儿提供帮助。

这种处理"突如其来"事件的方式，就是让家庭中的每个成员都共同参与和决策。爸爸妈妈的合作态度充分地调动了娜娜的积极性，也让他们发现了女儿身上平时没被注意到的闪光点。娜娜也因为努力后的成功和被认可，获得了成就感。

📖 忍住指责孩子的冲动

合作关系中最大的禁忌就是当和孩子发生分歧时，父母一上来就不分青红皂白，一通批判，这么做很有可能激发他们的叛逆心理。反之，父母能忍住，不盲目批评孩子，反而能很好地达到教育的目标。

涛涛今年10岁，学习书法也有几年了。有一次，妈妈看到孩子练字的速度很快，但写得并不好，很明显涛涛的态度是敷衍的。

这时涛涛放下毛笔，问妈妈："妈妈，我有点儿累了，能歇会儿吗？"

妈妈关切地问道："你是不是今天状态不好？我看你的样子有些疲惫。如果感到累了，可以休息会儿。"

然后妈妈看了一眼涛涛今天写的那几个龙飞凤舞的大字："不过客观地讲，你今天写得太快，这质量完成得不太高啊。妈妈说过，写字如做人，最重要的是认真。"

涛涛有些不服气："我挺认真的啊，我站那么久，胳膊都酸了。您是不用写，才会在一边站着说话不腰疼，哼！"

听了儿子的话，妈妈没有生气，反而笑着说："你是觉得我不练字就没有立场说你吗？那这样吧，从明天开始我陪你一起写大字。"

听了这话，涛涛突然有了热情："好呀，那看谁能坚持的时间长，谁写得更好。"

"哎呀，那妈妈估计要输了。妈妈可是好久没提笔了，不过我愿意虚心向你求教，请你当我的小老师好吗？"

涛涛很仗义地说："妈妈放心，包在我身上，你不是一个人在战斗，有我陪着你哟！"

试想一下，如果看到孩子在学习时敷衍了事，你忍不住先批评打击，再要求孩子按你的规范完成，那样做多半是行不通的，还很有可能点燃一场亲子大战。

案例中的涛涛妈妈是"T.E.S.父母成长课"的学员。面对儿子的懈怠，她并没有一味指责孩子，而是运用"T.E.S.三分生态系统"的方法，先感同身受理解孩子有些累的状态，同时客观地指出了孩子的字写的质量不高，最后还用课堂上学到的家庭教育技巧设计了一个小环节——请孩子当自己的练字小老师，不仅调动起涛涛练字的积极性，还增进了亲子关系。

和孩子保持平等

提到合作，早些年间有些父母说："不就是合作嘛，我盯着孩子写作业，替他收拾书包，帮他问同学作业，这些都是合作啊！"听起来没有问题，可深究一下，"盯"和"替"都不是真正的合作，就是看起来像合作的"帮"字，也是替代了孩子的责任。

不要小看这几个普通的词，父母要做到真正意义上的合作是很不容易的。即使是我那些"T.E.S.父母成长课"的学员们，被问到"你和孩子能做到真正的合作吗"，也不一定能马上给出确定的答案。

我用职场中的关系来帮你理解：同级员工组成了一个项目小组，在小组内，员工之间互相帮助和支持，是平等的合作关系。另一种则是领导与员工之间的上下级关系，领导对员工监督、旁观或者指挥，员工执行领导布置的任务。

很多家长认为自己和孩子的合作状态是前者，可是事实上却是后者。想要克服这种思维模式，前提是你就要有意识地和孩子处于平等位置，这样有利于你从孩子那里获得"合作者"的身份认同。

你也可以运用"T.E.S.三分生态系统"的思维模型来达到"平等型合作"。当你面对一个非常规事件，比如孩子因为违反校规被说服教育了……

身：系统了解整件事情发生时的各种客观情况，违反校规之前发生了什么事情，孩子是否清楚这类行为属于违反规则。

心：如果孩子知道自己的行为是学校不允许的，做的时候是什么心情？如果不知道，被老师教育后有哪些感受？

育：最后，我们才进入育的阶段。要先了解孩子自己是如何看待整个事件的，是羞愧还是没感觉？是想改变还是无所谓？再根据孩子的年龄特点，用他能听得懂的语言，告诉他集体生活中纪律的重要性。最后和孩子一起探讨，在这个年龄段，孩子自己可以通过哪些努力来解决这个问题，以及需要爸爸妈妈怎么帮助他。

这个过程就是父母客观理解孩子行为的动态，而非直接指责批评，用同理心拉近父母跟孩子的距离。最后也是以孩子为主体，通过提供具体的解决办法来支持。这样做就能体现出平等的合作态度。

📖 目标和责任，合作中的两把金钥匙

父母和孩子共同完成一件事时，目标很重要。在此之上，明确这件事最终是谁的目标，谁要为此负责更重要。

就像在心理咨询工作中，咨询师和来访者是合作关系，双方合作共同达成咨询目标。这个目标并不是咨询师给来访者安排的，而是来访者提出来的，咨询

师要做的是用专业的知识，帮助来访者评估这个目标的可操作性和现实性。

比如一位诊断为重度抑郁症的来访者说想不吃药，但想要一个月就得到根治。这个目标显然是不现实的，这时咨询师会通过心理辅导、探讨和协商找出来访者新的需要，从而制定出可行的新目标。

这个新目标，本质上依然是来访者而非咨询师的目标。

同理，当孩子为自己的学习或者行为习惯制定一个目标后，如果你觉得目标过高，直接打击孩子："就你这水平，复习一周就想考满分不是痴心妄想吗？你早干吗去了？"孩子会丧失信心。如果你习惯性地把学习任务大包大揽，说："好啊！来，我给你列个复习计划！"最后孩子百无聊赖地看着你忙活，你还怪孩子态度不积极。

父母可以做的是以成人的经验和对自家孩子的了解，和他共同探讨目标的可行性，并在讨论的过程中提出建设性的意见。比如一个平时成绩一般的孩子

跟妈妈说："下周期中考试，我要冲击满分。"妈妈可以这样说："能定这个目标说明你很有信心。根据你现在对学习内容掌握的实际情况，用一周时间达成目标会不会有点儿困难？你看可不可以先定一个提高10分的小目标。"

有一天，格格（7岁，女）帮妈妈下楼扔垃圾，好久都没有上来。就在妈妈着急去找女儿时，格格终于回家了，只不过她把外套抱在怀里，衣服还一动一动的，里面似乎包裹着什么。

妈妈走近一看，就见一个毛茸茸的小脑袋从格格怀里探了出来，居然是一只还没睁眼的小奶猫！

"这是怎么回事？"妈妈惊讶地问。

"我刚才扔垃圾的时候听到有小猫在叫，走过去一看，发现一个纸箱子里有三只小猫，其中两只已经不动了，只有这个小家伙还活着。它一直冲我'咪咪'叫，妈妈，我们收养它吧！"

"这个待会儿再说，你先把猫放下，赶快去洗洗手，记得多打几遍肥皂，谁知道这猫身上有没有寄生虫！"妈妈一把接过了格格怀里的衣服，然后推着女儿往厕所走。

格格乖乖地去洗手了，只不过一边走还一边不忘反驳："小猫我看过了，很干净的！"

"寄生虫很小，你肉眼是看不见的！"

妈妈回了女儿一句，然后找了一个纸箱子把小猫放了进去。

妈妈心中暗暗谴责了一番抛弃这窝小奶猫的无良人士，转头对着眼前这只小猫发愁。这么小的猫，应该还没断奶吧？冰箱里倒是有牛奶，不过好像在哪里看过猫不能喝牛奶……

妈妈正思索着要给小猫喂点儿什么，格格已经洗好手跑了过来。

"妈妈，求你了，咱们养它吧！"

妈妈其实心里已经基本同意了，不过却没有马上答应。

"在同意你养猫之前，我能先问你几个问题吗？"妈妈问道。

格格一听这话，心知养猫一事有希望了，赶紧点了点头。

"你知道养猫都要做哪些准备吗？小猫生病了怎么办？"

格格听得一愣，茫然摇头。

妈妈继续说："养猫可不是嘴上说说那么简单的，你需要为它花时间花金钱花精力。你如果没有想清楚就不要轻易养，免得以后不想养了就随意丢掉，那和今天把它抛弃的前主人又有什么区别呢？格格，小猫也是一条生命，你能对它负责吗？"

格格想了想，再次认真地点了点头。

"妈妈，我会对小猫负责的。我现在是不知道怎么照顾它，但我会上网查资料。以后我也不会偷懒的，好不好？"说着，格格伸出了自己的小拇指，对妈妈说，"拉钩！"

"好，拉钩！"

格格突然想起来："要是我有不会的，妈妈你能不能帮帮我啊？"

"当然没问题，既然我同意你养猫，那这个小家伙就是我们的家庭成员了，我也有责任帮助你们。"

"太好了，以后我就做小猫的御用铲屎官！"格格拍着胸脯说道。

在这个故事中，养猫是格格的目标，妈妈没有一上来就同意或者否定，而是耐心地和女儿解释想要完成养猫这个目标还有一大堆工作需要做。

同时，妈妈也没有自己一个人肩负养猫的所有工作，而是和女儿进行了合理分工。这样，妈妈合作的态度也带给了格格自信和勇气。

欣欣升入四年级后，我开始刻意地跟她"渐行渐远"。

她自己准备书包、自主完成作业的独立程度越来越高，我对她的支持也越来越弱。

这当然不是说我完全不管她了。

有一天晚上，临睡前她告诉我："妈妈，你能明天提前10分钟叫我起床吗？"

我问她："为什么要提前10分钟呢？"

欣欣说："因为我今天没有收拾书包，所以得明天早上收拾。"

我比了个OK的手势，"没问题，感谢你的信任啊！那我就要做一个靠谱的小闹钟啦！"

欣欣点点头，随后踮起脚故作严肃地拍了下我的肩膀："妈妈，这个重大的使命我就托付给你啦！你可一定不要辜负组织对你的信任啊！"

"你的眼光还是非常独到的，我可是一个非常可靠的人！找我就对了，放心吧，保证完成任务！"说完，我还抬手敬了个礼。

见我这个样子，欣欣没忍住笑了起来，我也和她抱在一起笑作一团。

在这个事件中，我没有过多干涉欣欣的选择，相反，我尽可能地弱化自己的作用，做一个她行动目标中的合作支持者，也就是一个小小的闹钟而已。

反过来，如果我没有用合作支持的态度和原则来对待她，事情会变成什么样呢？

我们来假想一下。

同样的场景，欣欣躺到床上准备睡觉时突然对我说："妈妈，明天提前10分钟叫我。"

我问她："为什么呢？"

欣欣说："因为我今天没有收拾书包。明天早上得收拾。"

好，在这里，转折来了。

我没有欣然接受，反而皱起了眉毛，开始对着欣欣说教起来。

"明知道早上时间紧张，为什么不今天收拾好，非得等明天早上收拾呢？我早就和你说过，晚做不如早做，不要把事情都赶到最后一刻再做。成功都属于有准备的人，如果你养成了临时抱佛脚的习惯，将来能成什么大事儿？再说了，你既然自己没收拾好，你就得承担责任，自己定闹钟起床，为什么还要让我来叫你！你都四年级了还天天睡懒觉，说明你没把上学放在心上，你看你同学小帆，每天5点就起床，还跟着爸妈去晨练。"

这么一来，欣欣非但不会和我笑作一团，反而有可能垮着脸，不耐烦地收拾完书包后把我从房间里推出去，然后自己带着一肚子闷气去睡觉。

☆ 我想与您分享 ☆

通过运用"T.E.S.三分生态系统"的思维模型，我这样理解欣欣邀请我提醒她起床的事情。

身：欣欣的睡眠时间比较长，睡眠质量也比较好，如果作业比较多，就很可能影响她按时睡觉和起床。因此，睡眠状态下的她是很难被区区一两个闹钟轻易叫醒的。这一点，欣欣本人也心知肚明。虽然她有准备闹钟，但希望我做人工闹钟，这样她可以给自己上个双保险，在这点上我很理解她。睡觉只是她的生理需要，跟自不自觉、有没有良好习惯、有没有远大理想没什么关系，更跟别人家的孩子没有关系，所以我根本没必要过度臆想、无限拓展。

　　心： 因为平时我们对欣欣的接纳态度，使得她在自主安排学习生活时没有更多顾虑。她直接跟我说出实际情况并邀请我帮忙，这说明她对自己的计划很坦然，也说明了她对妈妈的信任。

　　育： 她向我提出要求时，我认真倾听的态度让欣欣更敢于表达。接着我又通过说她"眼光独到"，鼓励了她在遇到问题时寻求帮助的行为。这样，以后当欣欣遇到困难的时候，也不会因为自己解决不了又不敢求助而退缩回避。最后我也没有说"你太累了，快睡吧，妈妈帮你收拾书包"，这也是尊重了欣欣的选择，并且完全按照她的意愿做一个小闹钟。由此可见，父母应把自己定位在一个合作者的立场支持孩子，而不是喧宾夺主、替代成长。有了这样的自由空间和被人支持的底气，孩子才能够越来越"自主"。

氛围篇

从身出发，营造家庭教育的理想国

家庭氛围指的是家庭环境的气氛与情调，每个家庭都有属于自己的家庭氛围。

在很大程度上，家庭氛围是由夫妻关系、亲子关系以及孩子之间的关系决定的。

家庭氛围就像天气，一旦身处其中，人们就会受其影响，尤其是孩子。因为在家庭关系中，孩子往往处于弱势，不仅行动常常受父母的约束，情绪也常常受到父母言行举止的影响。

这种影响就像投在湖面的石子，虽然激起的涟漪不大，却会在深处影响孩子当下以及未来的方方面面。因此，建立和谐、愉快、有序和积极的家庭氛围，能保证孩子健康成长、家庭幸福美满。

本书的第二模块，我们来谈一谈如何营造良好的家庭氛围。

首先是关于教养方式的探讨，这是家庭氛围的客观基础"身"。科学研究证明，父母的教养方式对家庭氛围产生重要的影响。

第五章是对兴趣的解读，这是家庭氛围中的"心"。孩子基于兴趣而产生的行为会给自身带来良好的心理体验，也是获取知识的捷径。

本模块最后一个章节是关于游戏的力量，这是为打造理想家庭氛围提供的"育"。游戏是人的天性，父母可以通过愉快的游戏体验和平等的角色扮演，轻松帮助孩子实现"平等合作""解决问题""处理冲突"等能力的培养。

第四章

有魅力的教养
——好父母的魔法棒

曼云会客厅 <<<

这一天，我儿子咚咚和他的几个小伙伴在一起"吐槽"自家爸妈。

兰兰先吐槽："你们是不知道我妈最近有多离谱，这几天不是开始降温了嘛，我妈非要让我把羽绒服和秋裤都穿上。这才10月初，就让我穿得里三层，外三层，至于吗？"

"这你就不懂了，有种冷叫'妈妈觉得你冷'。"咚咚在一边笑着说。

兰兰白了我儿子一眼，"你还笑我，你妈妈难道不是这样的？"

咚咚得意地扬眉，"我妈妈可好了，上初中以后，穿什么都是我自己说了算。前天她也问我要不要在校服外面套个厚衣服，我说又不冷，校服外面套个棉袄活动不方便，她就随我了。"

接着，兰兰问丫丫："那你呢，你们家什么情况啊？"

"我家啊，"丫丫沉默了下，表情有些复杂，"我爸妈不怎么管我，我现在穿什么吃什么基本上都自己决定，他们俩的心都在我弟身上，平时没事都想不起来还有个女儿。"

兰兰和咚咚听了面面相觑，一时不知道该说什么。

——来自咚咚妈妈的分享

💡 点对点，真知道

◎身：婴幼儿时期，小宝宝还不具备对"冷、热、饥、饱"这类基础生存问题的应对能力，需要父母的关注与呵护。到了青春期，孩子完全有能力照顾好自己的基本生活，这时父母应多接纳和尊重孩子的需要。

◎心：在穿衣、吃饭等问题上，青春期的孩子不仅想要解决温饱，还要满足他们对社交、审美的需求。孩子的选择更符合自己在群体中的认识和定位，这是他们发展自我的重要方面，这时父母要给予更多的理解和包容。

◎育：首先，衣食住行体现的不仅是一种能力，还能看出一个人的家庭教养。在理解和包容之余，父母可以传递出社会文化中公认的规则。这时注意，是传承，不是说教，更不是命令。其次，孩子可以从父母的关注中感受到家庭氛围。如果像丫丫爸妈那样完全忽视，孩子就感受不到家庭中的温暖。

是什么

民主式的教养方式是有魅力的。

在一个家庭中，父母对孩子的教养方式是以引导、激励和鼓励为主时，就更有可能创造出公平、平等、尊重和理性的家庭氛围。在这样的氛围中，孩子会更有安全感，他们也更愿意向父母表达自己的个人见解。这就是民主式的教养方式，它有助于形成良好的家庭氛围。

为什么

父母的教养方式会直接影响到家庭氛围，但很多父母并没有察觉到这一点。

晨晨（9岁，男）从小就有点儿怕爸爸，妈妈一直不知道这是为什么。有一天，晨晨偷偷告诉了妈妈一个小秘密。

"妈妈，我给爸爸起了一个外号。"

"什么外号啊？"

"原子弹。"说完这话，晨晨还警惕地四下张望，然后压低声音对妈妈说，"您可别在爸爸面前把我卖了啊，要是他知道我在背后这么称呼他，我就完了！"

"哪有你说得这么严重。"妈妈哭笑不得地拍了晨晨一下。随即，她又奇怪地问："为什么叫他原子弹啊？"

晨晨咽了咽口水，仿佛只是提到爸爸，都能让他感到不安。

"因为他的气场很可怕，有种威压感。哪怕他没发脾气，就是坐在那里什么也没说，我都不敢往他那边靠。总感觉他随时都有可能爆炸。"

听了儿子的话，妈妈突然想到前两天爸爸还沾沾自喜地炫耀："你看，我一在家，都不用说话，儿子就乖乖写作业去了。关键时刻还是靠我吧！"

看到这里，大家是不是觉得晨晨爸爸还挺厉害的。的确，孩子的"乖"会让很多父母误以为自己的教养方式起到了很好的作用。实际上，这是孩子在独裁型的家庭氛围里不得不采取的暂时性回避策略。

现在请你来思考一下：你对自己原生家庭氛围的主观感受，在多大程度上影响了现在的性格？如今在你自己组建的家庭中，又是怎样的氛围呢？

从下面这个表格中，我们能看到不同的教养方式通过家庭氛围对孩子产生的影响。

家庭氛围对孩子的影响

家庭氛围	教养方式（父母的行为）	结果（孩子可能的反应和感受）
民主型	父母会努力引导并激励孩子以求赢得合作 使用鼓励的方式从客观现实的角度与孩子对话，创造出公平、平等、尊重和理性的家庭氛围。在这种情况下家庭所有成员都能自由地表达不同意见	孩子可能表现得开朗、大方，社交能力较强。他觉得自己的社交圈是安全的、合理的、有吸引力的。他可以很好地为以后的生活做好准备
独裁型	父母要求孩子绝对服从，孩子对父母提出的要求不能质疑，家庭就像一个军事机构	循规蹈矩的孩子通常表现得很有礼貌，但会因为紧张而害羞和胆怯，不能解决自己的问题，总是寻找别人的认同 叛逆的孩子可能会采取撒谎和偷窃等逃避策略，青春期会出现反抗行为
高标准型	父母通常对孩子有过高的期望、标准和目标	孩子可能会感到气馁和不满足，常常为自己不能达到父母的期望而担忧。即使他表现得很好，也经常担心自己会失败
高竞争型	家庭中特别强调成功，每个人都试图超越别人。如果父母双方都很争强好胜，这种情况就会加重	孩子可能出现极端表现，最好的或者最坏的 有能力的孩子除非有绝对的把握，否则即使受到激励，也可能会感到焦虑和忧虑 能力差的孩子则容易灰心丧气，并可能开始感到绝望
抑制型	父母剥夺了孩子诚实表达思想和感情的自由 经常频繁地斥责孩子	孩子可能装出一副服从的样子，但被压抑的自我并不会消失，而是在潜意识里继续发展 孩子可能不太相信自己的感觉，会尽量避免发展亲密关系

续表

家庭氛围	教养方式（父母的行为）	结果（孩子可能的反应和感受）
唯物型	父母比较看重财富和金钱；家庭成员获得安全感是基于他拥有或控制的东西。他们更重视物质财富，而不是简单的快乐或温暖的人际关系	孩子会因为被剥夺了他觉得有权得到的物质或金钱而感到心烦意乱和空虚 通常缺乏内在的资源和创造力
过度保护型	父母不让孩子培养处理困难的能力，或不让孩子独自面对不愉快的情景 父母还会帮助孩子避免体验由自己的行为带来的后果	孩子无形中被剥夺了勇气和自力更生的机会，往往不能独自面对困难和独立完成任务。他们会试图用魅力、眼泪或发脾气让每个人都为他服务 小孩子可能会说自己是"婴儿"，感觉自己又小又弱，很无助
过度放纵型	父母给予孩子大量的关注、服务或表扬，把孩子当作王子或公主对待	孩子会被动地等待着大人的下一次服务 父母不看重孩子和同伴的社交
不一致型	父母对家庭规则要求不稳定，生活中的饮食和清洁等时间安排也比较随机。家庭中没有秩序和严格的纪律	孩子不知道自己对别人有什么期望，也不知道别人对他有什么期望。没有规则的环境很难发展出自律精神。孩子因此会失去动力，无法自控。有些人会渴望刺激，把人生过得像是坐过山车
不和谐型	父母经常吵架或打架。当父母的情绪发生变化时，对孩子的管教也随时发生变化。在父母的冲突中，孩子有可能被当作武器	孩子会认为只有权力才是重要的 可能会变得咄咄逼人，容易在人际交往中和他人产生敌对，并用伤害别人的方式报复对方。有些人喜欢违反规则、寻求刺激
诋毁型	父母频繁地批评孩子。他们通过使孩子显得无用，来减轻自己的自卑感 父母通常用一种愤世嫉俗的态度，直接针对家庭以外的那些"不同"的人	不活跃的孩子可能会表现出抑郁和回避，成为家庭的"替罪羊"，掩盖父母的问题 如果孩子是活跃的，他可能会暴力反抗，并通过伤害他人来重复这种贬低行为

家庭氛围	教养方式（父母的行为）	结果（孩子可能的反应和感受）
排斥型	父母会因为外表或行为而指责孩子 他们不会把"言行"和"孩子"，也就是"事"和"人"分开	孩子会感到不被接受和不被爱 他可能无法对自己和他人产生信任感 在多子女家庭中，父母喜欢的"好"孩子会把父母排斥的"坏"孩子排挤出局，并由此得到父母更多的宠爱
殉道型	父母通常会展示别人有多么残忍，自己有多么无辜或无助。强调自己在不平等关系中的付出而带来的痛苦	孩子可能会模仿父母高尚的付出，但又会为自己感到难过，认为生活是不公平的。以善意和正义的姿态指责别人，还可能会用受害者的姿态使自己免除责任
怜悯型	父母不认为怜悯是对孩子的一种不尊重，即使是基于形势的怜悯也会对孩子造成伤害	孩子可能是残疾的、体弱多病的、被收养的或遭受不幸的 孩子会为自己感到难过，并期望得到特权。他们为了获得怜悯，可能会采取自虐行为以使自己表现得更加痛苦

看完这张表格，你心中可能已经有了理想的家庭氛围类型。

你可能喜欢自由式的，这种没什么束缚的相处模式会让大家都觉得更轻松。但轻松一段时间后，你又会忍不住开始为未来可能出现的风险担忧。

或许你更喜欢权威式的，这种类型的教养模式会让你对孩子的教育在当下变得更简单。但你也要做好准备，因为孩子后期很可能出现反叛权威的心理。

所以，家庭氛围和教养方式没有绝对的好坏，只有适不适合。不管你选择了哪种方式，都要意识到你将为自己的选择负责。

还有一点需要强调，家庭氛围也会受到代际传承的影响：你受到自己原生家庭氛围的影响，带着这份影响又创建了自己的核心家庭，原生家庭的氛围无形中就被传承到下一代，甚至下下一代。

有时候，家庭氛围的代际传承并不只是下一代对上一代的简单复制，有些影响要在思考和探索，甚至代代传承中才能窥知一二。

晶晶（10岁，女）从小很内向，晶晶的妈妈经常为女儿的胆小寡言发愁。

每次走亲戚时，妈妈为了锻炼女儿的胆量，总会把晶晶推到人前，要求她给大家表演个节目，但晶晶总是难以完成妈妈的要求，每次站在大人面前都会涨红脸，紧张得说不出话来。久而久之，晶晶对见亲戚这件事产生了排斥，每次都会第一时间找个角落缩起来，以逃避"才艺表演"的任何可能。

不过，在众多亲戚长辈中，晶晶最喜欢姥姥，因为姥姥的脾气十分温和，很能理解晶晶不想当众表演的心情。可惜的是，晶晶妈妈十分强势，在很多事情上，就连姥姥也改变不了妈妈的主意。

有一次，晶晶的妈妈回忆往事时对女儿说，小的时候，她的爸爸，也就是晶晶的姥爷是个脾气很大的人。在家里，他总是阴晴不定，隔三岔五就会对姥姥和晶晶的妈妈发脾气，有时还会摔东西甚至动手打人。而晶晶的姥姥性格软弱，面对姥爷总是习惯忍气吞声。为了保护母亲，晶晶的妈妈从小就很独立，年龄大一些后，更是会和姥爷当面呛声。

长大之后，晶晶的妈妈遇到了一个性格随和风趣的人——晶晶的爸爸。

妈妈对晶晶说："我当时就想找个和你姥爷不一样的男人，我看你爸爸总是笑眯眯的，特别好说话，一下子就看上他了！"

等到晶晶出生后，家中基本上是晶晶的妈妈主持大局，爸爸和晶晶就是妈妈命令的执行人。

过于暴躁的姥爷和过于温和的姥姥让晶晶妈妈从小就生活在一种不和谐的家庭氛围中，这种氛围培养出了性格过于强势的妈妈。而妈妈的独裁型教养方式又塑造出了和姥姥一样胆小内向的晶晶。

面对妈妈的要求，晶晶虽不情愿但却总是不敢拒绝，一如当年面对姥爷不断退让的姥姥。多年后，等到晶晶长大成人，她是否又会孕育出一个像她妈妈那样强硬的女儿呢？

怎么办

选择并实践适合自己家庭的教养方式。

有这样一类"别人家的孩子"，他们学习优秀，在同龄人中人缘好，在长辈面前也懂事听话；还有这样一类孩子，动不动就在地铁、超市满地打滚撒泼。看到这两种孩子，人们往往不由自主地感叹："唉，这么贴心/糟心的孩子，他们家父母到底是怎么养出来的啊？"

这类的话可能很多人说过，这说明"孩子的行为体现家庭教养"是多数人的共识。"怎么养出来的"就是家庭教养方式的通俗表达。这不仅仅是一种社会的通俗认知，在心理学领域中也有很多研究成果佐证了这一观点。

加州大学伯克利分校发展心理学家戴安娜·鲍姆林德对育儿方式开展过大量的研究。她在观察大量学龄前儿童的行为模式时，发现某些孩子的行为具有相似性，这意味着孩子们的行为模式可以分类。随后戴安娜又发现，孩子们的每一种行为都与特定的养育方法高度相关。于是，她得出一个结论：不同的养育方法会产生不同的结果。

在进行了广泛的观察、访谈和分析后，戴安娜在20世纪60年代确定了三种养育方法类型，分别是：权威式养育、专断式养育和宽容式养育。

到了20世纪80年代，美国心理学家埃莉诺·麦考比和约翰·马丁对这个模型进行了改进。他们把每一种方法扩展为一个二维框架模型，每个模型中有两个维度：第一个是父母对待孩子的情感态度，从接受到拒绝；第二个是父母对孩子的要求程度，从控制到容许。

在情感维度中，接受度高的家长会以积极、肯定、耐心的态度对待孩子，尽可能满足他们的各项要求；而拒绝度高的家长常以排斥的态度对待孩子，经常对他们不闻不问。

在要求维度中，控制度高的家长为孩子制定了较高的标准，并要求他们努力达到这些要求；容许度高的家长对孩子宽容放任，缺乏管教。

最后麦考比和马丁通过这两个维度的不同组合，将戴安娜确定的三种养育方法改进成四种教养方式：民主型、专制型、放纵型和忽视型。

研究结果更深刻地表明：不同的教养方式，会对孩子的社会性发展和个性形成产生重大影响。

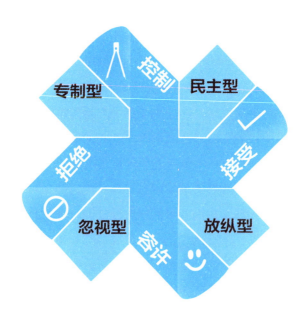

民主型教养方式

民主型父母有高接受、高控制的特点。

他们对孩子充满慈爱和支持，给孩子自主权，鼓励孩子独立思考和自由表达。孩子和父母之间的交流是双向的。他们乐意接受孩子各方面的特点，同时也确保孩子的成长在可控制范围之内。这里的控制并不带贬义，而是指家长愿意通过公开讨论的方式，为孩子提供有效的建议，和孩子一起制定规则和边界。

这种类型的父母对孩子的成长和成就有很高的期望，但他们并不会一味强求。在孩子遇到困难和疑惑时，他们很乐于回应孩子的需求，并为孩子提供帮助；当孩子犯错时，这类父母会帮助孩子反思和分析。同时他们对孩子的惩戒方法是理性的、可协商的，是以结果为导向的，且基于客观事实。因此，这种方式被称为民主式教养。

这样的教养方式养育出的孩子，内心更容易得到快乐和满足，有自尊心，行事更独立，善于利用良好的社交技能和同龄人互动，在学业上能取得更高的成就。

专制型教养方式

专制型父母有高控制、低回应的特点。

虽然专制型父母和民主型父母都会以高标准要求孩子，但与民主型父母热心支持孩子不同，专制型父母更倾向于用"因为我这么说了""不要你觉得，我只要我觉得"等理由来要求孩子盲目服从。

他们通过自己单方面制定的规则来对孩子下命令，亲子之间只存在简单的单向交流。孩子任何试图和他们讲道理的尝试，都会被他们视为顶嘴。

这些父母使用严厉的纪律和惩罚措施，例如体罚，作为控制孩子行为的一种方式。他们的惩戒方式是强制性的，即武断、专横、跋扈，并不断强调地位差别。这类父母对孩子的需求反应迟钝，当孩子向他们抱怨时，他们通常会用"严厉的爱"来为自己的刻薄进行辩护。

专制型教养方式养育出来的孩子往往很不快乐，他们内心缺乏安全感，也有可能出现更多的行为问题，如学业表现糟糕、社交能力差、交友困难等，产生心理疾病的可能性也更高。

另一方面，这类孩子往往很难独立。由于父母管控太多，这些孩子很少有自由探索的机会，这就导致他们没有机会锻炼自己的独立性。

来到咨询室的是一位焦虑且疲惫的妈妈，她是为她的女儿（17岁）来的。

据这位妈妈描述，孩子的爸爸有偏执型人格，婚姻存续期间经常对她实施家暴，对孩子也有暴力行为。因为这个原因，在孩子11岁时，夫妻俩离婚了。当时出于经济方面的考量，女儿被判给了爸爸，这也是这个女孩进一步不幸的开始。

离婚后，爸爸很快再婚，再婚对象带了一个同岁的女儿。平时，自己的女儿在家里受到了很多不公正的对待，训斥、打骂更是家常便饭。爸爸平时对孩子管束非常严格，不允许孩子自由支配任何课余时间，就连跟同学的正常交往都要监控，更是禁止孩子和亲生妈妈有任何接触。所以，这位妈妈直到很久以后才得知这些事情。

就这样，直到最近爸爸不接送孩子了，孩子的妈妈才有机会接触到女儿。不过这位妈妈能做的也很有限，最多也只能在孩子独自放学时陪她坐一段公交车。遗憾的是，这个孩子的性格已经在多年压抑的生活中定了型，即使是面对妈妈，她也很难打开自己的心扉。每次母女见面都说不了几句话。

和这位妈妈谈话之后，我又单独和她女儿聊了几次。从不多的话语中，我能感觉到孩子对家庭、对父母的怨恨。她恨爸爸打骂她，也怨小的时候妈妈没能带走她。她最大的愿望是离开家庭，可是对于如何离开、离开后要做什么，她又很迷茫。

这个孩子很快就要上大学了，但是这么多年她的生活中没有值得信任和亲近的人，更没有机会去交一些知心的朋友，这导致她对即将到来的大学生活充满了恐惧。

我为这个女孩感到心疼和遗憾。

她的内部系统能力不足，这让她无法很好地处理自己的心情，以致时常感到抑郁、迷茫和不快乐。同时她的外部系统也很匮乏，她的爸爸对她只有冰冷的命令和粗暴的责骂；妈妈与她分隔多年，再见面也是相对无言；她还没有知心好友，在学校也总是孤零零一个人。因此，她才会一方面恨不得马上离开家，摆脱糟糕的处境，而另一方面又对独自面对陌生世界感到无能为力。

放纵型教养方式

放纵型父母有高接受、低控制的特点。

这类父母很少制定规则和界限，也不会强制孩子去执行。在日常生活中，他们很少对孩子说"不"，因为他们不想让孩子失望。这种教养方式下养育出的孩子，往往会表现出不遵循规则、自控能力差、自我中心倾向高。在将来的人际关系和社会交往中，这些孩子会遇到更多问题。

乔乔的表弟（13岁）从小就是个混世魔王，因为姑姑和姑父是晚年得子，所以他们一直都对这个儿子千依百顺。每次一家人聚在一起，姑姑张口闭口都是"我家那位小祖宗"。

前段时间，姑姑和乔乔的妈妈聊天时，忍不住大倒苦水。

"哎哟，我家那位小祖宗前段时间刷了他爸微信账户好几万块钱，就为买限量版球鞋，我说了他几句，他就跟我又是拍桌子又是摔碗的。他爸骂了他一句，孩子就发话说不去上学了，现在成天窝在家里打游戏，我和他爸怎么求他都没用，可愁死我了！你说这孩子怎么成这样了？"

乔乔的妈妈听了没吭声，心里却暗暗叹了口气。

她想起几年前一家人聚餐时，那个小魔王满餐桌乱爬的场景。当时自己这位大姑子满脸不以为意地说："孩子还小，大家别介意。"

都说三岁看大，七岁看老，孩子现在变成这样，大家其实并不太意外。

很多父母不知道，无限满足就意味着失控。当孩子快乐的阈值越来越高，他们的要求就会越来越离谱，所以这类孩子的行为也会越来越无法无天。

此外，这种无限被满足的感受会成为孩子的一种社会体验，进而泛化到他的学习、交友等日常生活中去。当他在其他环境中没有被如此对待时，就会产生不满的情绪，以及退缩或过激的行为。

值得注意的是，除了放纵型教养方式会养成乔乔表弟这种类型的孩子，养育者之间因为意见不太统一，而给孩子"钻空子"的机会，也会导致放纵型教养的结果。

兰兰（13岁，女）的父母已经离婚，双方约定兰兰周一、周三、周五在爸爸家，周二、周四、周六在妈妈家，周日就听孩子的。爸爸比较忙，所以每周一、三、五说是爸爸接兰兰放学，但实际上经常是奶奶来接。

妈妈对兰兰比较严格，对她的功课查得很严，对衣食住行都有很详细的安排。相比之下，奶奶就宽松很多。兰兰在奶奶家从来不会被催着写作业，奶奶总说："女孩那么辛苦做什么，我们兰兰长得这么漂亮，以后肯定能嫁个好人家，这就够了。"

妈妈和奶奶从很久以前就相看两"相"厌，自从爸爸妈妈离婚后，双方就更不走动，更谈不上为了兰兰的教育坐下来一起讨论。兰兰很"机灵"，她发现妈妈和奶奶从不沟通，就利用了这一点，经常对妈妈的要求阳奉阴违。

"反正有奶奶给我打掩护，妈妈肯定不会知道我又偷偷玩手机了！"兰兰在心里自得不已。在这种"走读"式的生活安排中，兰兰的学习成绩已经从小学时的中上，直接掉到倒数了。

你看，在这个故事中，兰兰的奶奶和妈妈明显是两种不同的教养方式，再加上爸爸不闻不问，更是让兰兰抓住机会钻空子了。这样一来，家里看似有规则设定，但实际上形同虚设。兰兰本人也通过在妈妈和奶奶之间欺瞒，暂时尝到了钻空子的"甜头"，但这显然对她个性的培养、行为习惯的养成、人际关系的建立和学习成长是非常不利的。

忽视型教养方式

忽视型父母有低接受、低控制的特点。

他们不关心孩子的需求，很少参与孩子的生活，自然也不会给孩子设定合适的界限或标准。

这种类型的父母在现实中也不少见。比较常见的是那些长期不和孩子生活在一起，平时又鲜少和孩子交流。还有一些表面上看起来天天和孩子生活在一起，实质上却是把孩子交给老人和保姆照顾。

在长期被忽视的环境下长大的孩子很难进行有效的自我情绪调节，更容易冲动，也更容易出现精神问题。

我的小助手坤坤说过一件她留学时的趣事。

她曾经遇到一个特别离谱的室友（21岁，女）。那个室友家里条件很好，刚开始给人一种脾气不错的感觉。等一起生活了几天后，坤坤才发现室友从来不搞卫生：不擦桌子，不扫地，吃完饭不洗碗，就连出门把垃圾带下楼这种举手之劳都不干。

时间一长，坤坤就不乐意了，认为室友就是个自私鬼，于是怒气冲冲地跑到室友面前，问她为什么不做卫生。没想到室友也一脸纳闷儿，之后她就来了一段让坤坤多年后依旧啼笑皆非的神奇发言：

"碗是需要洗的吗？我从来都不知道啊。在我家，只要把餐具放到厨房水槽里，第二天就会自动变干净。地板上的污渍也是，不出三天就会消失。我还一直奇怪呢，怎么到了国外，这边的地毯就没有自动清洁功能了，都过了一个月了，上面的咖啡渍居然都还在！"

事后一问，坤坤才知道，室友从小都是由保姆打理生活起居，她的父母只负责给孩子打钱，根本不关注孩子有没有生活常识，更谈不上树立榜样讲规则。这才导致室友都上大学了，还以为地板和脏碗是会自动变干净的。

这个姑娘虽然家境优越，但实质上她的父母依旧算是忽视型父母，平时和孩子基本没有沟通，也不了解孩子的生活能力。当孩子离开家庭环境之后，各种问题就凸显出来了。

对照这四种教养类型，你可以思考一下：自己是属于哪种父母呢？

你可能一时很难说清楚。这很正常，我们不可能只用一个词来准确概括自己的家庭教养方式，大部分家庭的教养方式是综合性的。比如妈妈是权威型，爸爸是忽略型，爷爷奶奶是溺爱型，姥姥姥爷是专制型。这个时候你要做的就是让一家人勤沟通多协调，争取在孩子的教养方式上达成统一。

欣大侠的小故事

矛盾在每个家庭中都不会缺席，我和欣欣之间也并不总是风平浪静，岁月静好。

有一天早上，我叫欣欣起床。欣大侠不愧是多年的"金牌特困生"，起床气特别大，醒了之后好半天都垮着一张小脸。

一开始我没管她，想让她自己消化一下，可没想到一上午，她这股气都没消下去。非但如此，可能是看我没什么反应，到了中午吃饭的时候，欣欣已经成了"国家一级抬杠选手"。比如，我跟她说多吃点儿菜，她就立马反驳我："按照国家膳食指南，小孩儿应该多补充肉蛋奶！"又比如，我跟她说今天的汤是我的得意之作，她可以多喝点儿，她却说："喝汤冲淡胃液，不科学。"

我们家一向鼓励孩子发表自己的意见，如果是平时，我倒是不介意和欣欣讨论一下营养学，但这次的情况不同，她这一上午和我说话时明显是带着情绪的。

这种情况我就不能放纵她了。

于是，在欣欣又一次揪着一件小事和我抬杠时，我放下手里碗筷，板起了脸。

"欣欣，适可而止啊。"我突然严肃的面容使得小丫头立刻噤声，"我知道你早上有起床气，我理解你，所以这一上午你对我鼻子不是鼻子，眼睛不是眼睛，我都没有说你。可现在都中午了，你还没完没了，就有点儿过分了。"

欣欣抿抿嘴，一副有点儿不服气又有点儿心虚的样子。

我继续对她讲："我从你很小的时候就说过，你可以表达愤怒，但不要愤怒地表达。一味地向别人发泄你的情绪并不能帮助你达到目的，相反，你恶劣的态度有可能会伤害到我的感情。作为妈妈，我自认为我很尽职尽责，早上叫你起床，为你准备早饭中饭。可是你因为自己起床不高兴就一直怼我，妈妈也是普通人，你的言行导致我现在也有些不高兴了。"

我说到这里，欣欣已经开始面带愧色。见她这副模样，我也没再多说，只留了一句"你自己好好想想吧"，就起身去厨房洗碗了。

这一个下午，欣欣总是凑到我身边，不时找点儿话说，而我只是她问一句，我简单答一句，没有跟她多聊。

到了晚上，欣欣终于受不了了，来向我道歉："妈妈，对不起，上午我不该冲你发脾气。"

"妈妈下午不友好的态度是不是让你感到很难受？将心比心，我今天上午是什么感觉，你现在知道了吧？"我顺势启发她。

欣欣重重地点了点头，"知道了，我真怕你以后都不理我了。妈妈，将来我们都有事好好说吧！"

☆ 我想与您分享 ☆

这次事件的起因是欣欣早起闹脾气。

身：她因为年纪小、觉多，睡眠不足时状态不好，我尊重她的这些生理特点。

心：我理解她，并给了她充分表达情绪的机会。

育：我并没有在一开始就对她进行训斥，而是观察她的表现和发展，然后再决定采取哪种教养方式。

当她发泄情绪的行为愈演愈烈后，我开始明确表示她持续怨天怨地对我情绪的影响。同时，我重复之前对她的教育"你可以表达愤怒，但不要愤怒地表达"，并在下午刻意减少和她互动，以便让她有机会通过自己的感受去理解他人。这些都是"问题"提供给我的家庭教育机会。

当然，孩子并不会通过一件事就变成情绪控制的高手。但她至少开始尝试控制情绪和换位思考，在那之后，她就很少这样失控地发泄坏情绪了。

这些年，我和欣欣爸爸养育欣欣时，大多属于民主型的教养方式。而这天下午我的态度，也许会让欣欣感觉到我变成了"专制型"或者"忽视型"。所以，学习的目的不是要对号入座，而是了解自己当下教养方式的利弊，努力为孩子建设更好的家庭氛围。

第五章

兴趣的魔力
——激发孩子成长的内驱力

这次过年的时候，我见到了几年没见的外甥肯肯（11岁）。记忆里精神抖擞的男孩子，这次再见时却显得像一棵枯萎的小树。

我回忆着肯肯小时候的爱好，试图以此为话题和肯肯聊天。

"你最近钢琴练习得怎么样了？"

"那玩意儿啊，我早就不练了！"

"为什么啊，你小时候不是挺喜欢的吗？我还记得教你弹琴的老师还夸你手指又长又好看，特别适合弹钢琴呢。"

"……我现在不喜欢了。"

"那足球呢，你之前好像还进了校队？"

肯肯沉默了一会儿，说："那个啊，我也不踢了，没意思。"

说完，肯肯似乎不想被我继续追问，很快就离开了。

我满心疑惑，把这件事和我的大姐说了。

大姐也为肯肯那孩子感到遗憾，她对我感叹："听说前些年，肯肯他爸总在孩子耳边嘀咕'练了这么多年的琴，也不见得个什么奖'，久而久之，孩子可不就没兴致了！"

"那足球呢？"

大姐叹了口气，"咱们小妹太宝贵她儿子了，成天担心肯肯这儿磕了，那儿碰了。打篮球就念叨要是胳膊骨折了怎么办，踢足球就怀疑明天他儿子腿就要断了。这么一来，孩子被说烦了，还踢什么球？！"

我听了也无话可说，可是看孩子蔫头耷脑的小模样，真想帮帮他。

——来自肯肯二姨的分享

点对点，真知道

◎**身**：孩子的童年，是一天天打开眼界，快速接收来自外界的各种信息的阶段。这些信息被孩子主动筛选过后，有一些会走进他们的世界陪伴一生，成为他们幸福快乐的源泉。

◎**心**：艺术、运动都是孩子认识世界的一扇门。随着家长越来越重视对孩子兴趣的培养，校内外多种多样的兴趣班也应运而生。可是，当选择被功利心驱使，"兴趣班"变成了"考级班""考证班"，孩子的兴趣也会被压力所替代。

◎**育**：教育的目的是培养一个具有自我价值感，能感受幸福、建设未来的独立的个体，这些都需要孩子从各种体验活动中获得。因为没有获奖而否定孩子的爱好、因为担心受伤而不让孩子运动，都是本末倒置。

是什么

《韦氏词典》中对兴趣的定义是：兴趣是一种感觉，是与某人相关或因某人某事而引起特别注意的一种感觉。

定义中"与人或事相关的感觉"，说明兴趣不是先天就有的，而是通过对人、事、物的接触和了解后产生的。提供接触不同人或事物的机会，是兴趣培养的第一步，但不是唯一一步。

在接触过程中，人们发现自己能通过完成某件事而获得物质或者心理上的满足时，便会更积极地参与这项活动，渐渐地培养成自己的兴趣。比如，初学小提琴就因拉出一段和谐的音符而被赞美，参加足球联赛得到一块奖牌，跳一段独舞获得满堂彩……这些鼓励都是培养兴趣的助力。反之，如果像前面提到的肯肯受到的待遇那样：弹得再好，不得奖就没用（功利型）；再喜欢，也不如别磕着碰着重要（保护型）。这样就不是助力，而是阻力了。

定义当中的"特别注意"，不就是我们希望孩子在学习中应具备的"专注力"吗？一个能够在学习中保持积极性和专注力的孩子，是对学习产生"兴趣"的孩子。因此，与其盯着孩子学习，不如培养孩子对学习的兴趣。出于兴趣而开展的学习和活动，过程也是主动的、愉快的、持久的。

兴趣是成长的动力

父母都知道兴趣对孩子很重要，从孩子一出生就开始了全方位的规划。天文地理、运动艺术、科技自然……名目繁多，林林总总。

这么一来，就很容易出现这种情况：你给孩子报了一大堆兴趣班，结果孩子上到最后，人都麻木了。你以为孩子眼里看到的是"兴趣"，可实际上孩子心里想的只剩下"班"。时间一长，孩子受罪，家长也疲惫。如果孩子因为肩负"兴趣班"的"任务"而丧失了兴趣，那就得不偿失了。

上兴趣班的目的，不是为了攀比，也不是为了"不要输在起跑线上"，更不是为了"我家孩子也报了"的获得感，而是为了培养孩子的兴趣，用兴趣开启孩子对世界的好奇，用兴趣满足孩子探索不同领域的意愿，用兴趣激发孩子成长的动力。

兴趣是心灵的绿洲

人在社会中生存，总是要承担任务和责任。孩子有学业任务，成人有工作任务；未成年时有自我管理的责任，成年之后有养家糊口、赡养老人等责任。

兴趣是人们内心世界的活力。现实世界中处境再艰难的人，只要他有兴趣爱好，就像在内心保有一片绿洲，可以自我滋养。

怎么办

用兴趣激发孩子学习的积极性

好多人一想到兴趣，就容易将它和玩联系到一起，然后自然而然地觉得孩子搞兴趣爱好就会玩物丧志，耽误学习。其实，兴趣是一种积极的感觉，和学习不是对立，而是相互促进的关系。孩子既可以充满兴趣地学习，也可以把学习当作感兴趣的活动。兴趣中"特别注意"的特点，可以用来帮助孩子培养出学习的内驱力。

孩子成长的过程本身就是一个不断学习的过程。比如婴儿要学习进食、抓握、爬行、走路等，你可以看到，他们在学习这些生存必需技能时充满兴趣，摔倒了再爬起来接着走，乐此不疲。可见，接纳新知识、学习新技能是孩子的本能。

当学习内容越来越丰富，附加的社会要求就会越来越多。父母往往先不淡定了，在让人焦虑的目标导向下，他们常会把孩子的学习态度和吃苦耐劳画上等号，而忽略了人对新事物的探索精神。

学习的过程中，固然有枯燥乏味的部分，也会有结果不如意的时候。如果一味地放大负面感受，趋利避害的心理会让孩子一提学习就想回避。但实际上，相信你也曾经有过解出一道难题的喜悦，达成一个学习目标的成就感。因此，把兴趣和学习联结在一起来激发孩子的学习积极性，是明智的也是科学的选择。

激发孩子的学习积极性

首先，让孩子在学习过程中获得快乐。

快乐是学习和兴趣的第一个连接点。

一个人之所以能把一件事当作自己的兴趣，是因为在做这件事的过程中，他能产生积极正向的心理体验。所以，让孩子在轻松快乐的氛围中学习，是帮助孩子把学习当作兴趣的第一步。

期末考试的成绩出来了，咚咚（13岁，男）语文得了86分。妈妈仔细看了看卷子，对儿子说："不错，之前我们复习过的古诗内容你都记住了，这次默写的部分你就没扣分。作文也是，比上学期进步了不少，可见假期你那么多书没白读。"

咚咚一听妈妈表扬自己，马上就放松了，主动分析这次考试的情况。虽然古诗默写还行，可阅读理解却扣了好多分，自己有些不太满意。

妈妈听了后安慰儿子："有题不会做很正常，通过这次不会做的，就知道自己的薄弱项在哪里了，可以重点学习。"

咚咚没能完全被说服。

"唉！我觉得我的阅读理解是提高不了了。"

"为什么这么说呢？"

"妈妈，你是不知道啊，阅读理解的答案都特别莫名其妙！"听妈妈这么一问，咚咚马上开始大倒苦水，"就比如这句'我家门前有两棵树，一棵是枣树，另一棵还是枣树'，我觉得作者根本啥都没想，就是看到两棵树，然后写下来而已，可是老师偏偏说什么作者通过这句话体现了孤寂悲凉的情感，以及对这种单调状况的无奈。作者还无奈？我才更无奈啊！"

听了儿子的话，妈妈也觉得有点儿好笑。看到妈妈的表情，咚咚更是觉得自己说得在理了。

妈妈就对咚咚说："你要是想不通标准答案为什么是这个，咱们不妨换个思路。"

"什么思路？"

"这个阅读理解题与其说是分析作者的想法，不如说是分析出题老师的想法。你平时老爱猜我和你爸的想法，现在有机会猜一下老师的想法，不也很有趣吗？你看，同样一句话，你的解读就是看山是山，看水是水，看树是树，这也没什么，很有现实主义、客观唯物主义的风格啊。而你们老师呢，就比较偏向浪漫主义，她能从有关树的文字体悟出作者的感情，然后她还想把这种感悟分享给你们。你这道题没做对，是因为你之前不知道老师是怎么想的，现在你知道了，下次不就有准备了？"

咚咚虽然不太懂什么现实主义、浪漫主义、唯物主义，但是他感觉自己抓到重点了。

"也就是说阅读理解就是和老师斗智斗勇了？"一想到之前和爸爸妈妈"交锋"的辉煌战绩，咚咚一下子就振作起来了。

妈妈赶快趁热打铁，"这当然了，你想想，每次考试都是你和老师之间智商、情商和学识的全面比拼，你要是答对了题，就说明你们老师的出题思路已经尽在你掌控之中。你现在都是初中生、大孩子了，只有这种高端大气有格调的比拼才符合你现在的水平，这不比你上课躲着老师偷偷吃零食睡懒觉要更刺激啊？"

咚咚立马脑补了各种全面占据智商高地的美好景象，不用妈妈多说，他马上坐到书桌前研究阅读理解题去了。

妈妈看着儿子埋头学习的样子，掩门而出，偷着乐去了。

孩子向家长汇报考试成绩，是容易引发家庭大战的情景之一。这就像是家庭氛围中的一道坎，跨过去了母慈子孝，跨不过去鸡飞狗跳。

在这件事上，咚咚妈妈的做法就很聪明，她看到咚咚的分数，没有一上来就问"你怎么错这么多题，扣这么多分啊"，而是先肯定了咚咚在这次考试中的进步之处，这就给了咚咚勇气和空间，主动说出自己对失分项所做的分析。接着，妈妈又利用儿子"与人斗其乐无穷"的兴趣点，巧妙地把学习的目标和咚咚的兴趣点联系在一起，将儿子本来不擅长的阅读理解，变成他擅长的斗智斗勇，每做对一道题，不仅可以得分，还获得了战胜老师的喜悦。谈话过程中达成目的，家庭氛围也因此轻松愉快，真是一位机智的妈妈！

假如换个场景，妈妈看完卷子，只盯着扣分项，上来就批评教育，那孩子的第一反应肯定是伤心、委屈，然后逆反，也就失去了让孩子客观认识自己的问题和主动学习的好机会。

其实，除非那些常年受打击而破罐破摔的孩子，很少有孩子在面对错题和扣分时内心毫无波动。这个时候，孩子更需要父母理解他们的沮丧，帮助他们渡过难关。如果大家能像咚咚妈妈这样，巧妙地帮孩子在学习中感受到快乐，孩子就能迈出用兴趣激发学习积极性的第一步。

其次，让孩子从学习中获得成就感。

成就感是指人们在做一件事，或者做完一件事时，内心产生的愉快和成功的感觉。因此，成就感是一种心理体验。经常能体验到成就感的孩子会更有勇气、更自信。

并不是只有学习成绩好才能带来成就感，更不是只有得了第一名的孩子才配有成就感。要知道第一就一个，要是只有拿了第一名才能让孩子获得成就感，那考不了第一的孩子是不是就对学习敬而远之了呢？谁愿意重复做一件总是受到打击的事情呢？

在孩子成长过程中，父母如果能提供各种机会，认可他们的努力，那么就能帮助孩子获得更广泛的成就感的体验。正如前面的故事里，咚咚妈妈表扬他因为努力背诵古诗，默写一分没扣，因为多阅读，作文比上学期有进步时，他就获得了成就感。

我在生活中，就很注意帮助欣欣从日常的方方面面获得成就感。

欣欣从小就爱说话，每当她说话时，我们都认真地听。小不点儿被大人们认真对待，让她感觉说话很有成就感。

随着长大，她认识了足够多的字，在自主阅读中获取了五花八门的知识，这些知识往往令小小的她语出惊人。而我们惊讶的模样，也让她得到了成就感。

上学后，能言善辩成了她的标签。有一天，他们学习古文《陋室铭》，老师组织了一场班级辩论会，讨论这个陋室到底陋不陋，她作为反方代表出战。放学回家后，她来不及把书包放下，就兴奋地跟我说："妈妈，今天辩论我大获全胜，最后除了正方代表，全班同学都同意我的观点了！"看来，这次通过表达获得认同的经历，直接拉满了她成就感的分值。

从那以后，她就把辩论的会场开到各种场合，就连我和她爸爸也经常被她"教育"。

有一次，我看了诺贝尔文学奖获得者莫言的采访，就列举了莫言、路遥、贾平凹的成长经历，想要教育欣欣，告诉她，他们之所以能奉献出优秀作品，都是因为有着苦寒出身。

没想到欣欣立马反问我：

"那巴金呢？

"冰心呢？

"普希金呢？

"托尔斯泰呢？……

"这些人可都不穷苦，普希金和托尔斯泰还是贵族呢，不都写出优秀作品了吗？"

她一边问，我一边笑着频频点头："你说得还真对！"

"所以啊，您的论点不成立！"看我被问得毫无还手之力，欣欣虽然比小的时候显得矜持一点儿，可我还是能看得出她内心一定是成就感爆棚了。

欣欣运用知识使她在表达时获得了成就感，这会让她对阅读产生兴趣，把思考培养成习惯，将表达发展成特长。

生活中，类似的情况还有很多。比如，我们认为她唱歌好听，她随时随地快乐地哼唱；我们非常佩服她的英语发音准确度高，她的英语成绩一直保持得挺好……成就感就是这样，在我们看不见的地方，悄然地推动着孩子的成长。

最后，在学习中满足孩子的好奇心。

好奇心是人为了填补未知事物空白部分产生的心理机制。

比如说，与正经的社论相比，网上热搜更多的可能还是各种八卦消息，这是因为现在网民素质低下、品位低俗吗？不是的，是因为好奇是人的天性。心理学认为，人在遇到新奇事物时，都会产生注意、操作、提问的心理倾向。你完全可以在孩子的学习上利用好这一天性。

世上没有生而知之的人，大多数人的学习始于对世界的好奇。

因为好奇某个字怎么念，开始学习语文。

因为好奇过年长辈们一共给了自己多少压岁钱，开始学习数学。

因为好奇迪士尼动画片人物都在说什么，开始学习英语。

因为好奇为什么天是蓝的，云是白的，水会变成水蒸气，开始对物理产生了兴趣。

这些都是孩子们特别宝贵的原始动力，你作为孩子的支持者，要做的就是保护好孩子的好奇心。不要让孩子总是做重复枯燥的练习题，那会生生磨灭了最初的好奇心，把有趣快乐的学习变成痛苦的磨难。

当孩子对语文知识、数学定律、英语语法已经"免疫"的时候，死记硬背效果就不佳了。不妨给这些抽象的知识变个身，让孩子在好奇心的引导下产生兴趣，逐步掌握。

优优7岁的时候，有一次爷爷教优优学数学，眼看着小姑娘心不在焉了，爷爷放下笔，说："我给你讲个故事吧。在18世纪，东普鲁士的哥尼斯堡城有一条河，河上有两个小岛，有七座桥把两座岛屿连接起来。岛上的人每天出门散步，总是免不了走回头路，他们就想，如果出门散步一次，可以从家里出发，既不重复又一座不落地把这七座桥走完，再回到家里就好了。于是全镇人一起想，可是没有一个人能想出办法来。"

爷爷刚开始讲故事的时候，优优还在沙发上跳来跳去，听到故事精彩处，她也不跳了，赶忙趴在爷爷胳膊边追问："然后呢？最后他们想到办法了吗？"

爷爷不疾不徐地接着说："这个问题太难了，如果一天试一种方法，需要5040次，要13年才能试完。岛上的人们很久都没有想出办法来。后来，有几个小朋友听说有一位数学家欧拉很厉害，就给他写了一封信求帮助。果然，欧拉通过大量的演算，帮助他们解决了这个难题。"

"可是这个欧拉又没去过那几座岛，他是怎么知道答案的呢？"优优很是不解。

"这就是数学家和一般人不一样的地方了。"爷爷悠哉游哉地笑了一下，然后借着这个故事和优优详细讲了欧拉具体的解决方法，也就是数学里著名的"一笔画问题"。

那天，优优跟爷爷做了一下午的数学题，因为她通过爷爷讲的数学故事，又对数学产生了好奇。数学题在优优眼里不再是作业，而是有趣的数学王国。爷爷用欧拉的故事调动起优优的好奇心。通过优优主动提问的行为，我们不难看出，优优的好奇心得到了充分的保护和发展。

上五年级时，娜娜做了个眼睛的小手术，术后视物不清，需要一段时间重新适应，过几个月才会好。刚开始，看东西重影的情况让娜娜不堪其扰。妈妈既心疼她，又因为帮不了她而着急。一时间，家里的气氛也因此有点儿压抑。

没想到，家里的气氛过几天就阴转晴了。那天放学回家，娜娜兴奋得东翻西找，把素描本、水粉、刷子等画画工具都拿出来了。

娜娜正式宣布："接下来的几个月，我每天要花半个小时的时间画画！"

接着她兴奋地对妈妈说："我现在正经历着一段特殊的时期，眼中的世界跟你们是不一样的。如果不是这次手术，我永远也想象不到我能看到这样的世界。我必须每天把它们画下来，将来等眼睛看东西恢复正常了，这就是宝贵的回忆啊！"

有好奇心的孩子，能对新奇的世界充满探索的欲望，不断去追求新知识。好奇心还能够在他们遇到困难的时候，激发出他们的创造力。

所以，让快乐的体验、成就感、好奇心去帮孩子对学习产生兴趣吧！这样，学习将不再是一桩"苦差事"。

让兴趣成为孩子人际交往的一座桥梁

兴趣不仅可以激发学习的积极性，还可以在其他方面发挥大作用，尤其是在人际交往方面。

人际关系的质量极大地影响着人们的心理健康程度及幸福感。尤其是对青春期的孩子来说，拥有良好的人际关系，是孩子心理健康的重要影响因素。我在给中学生做心理咨询的过程中也发现，出现心理问题的中学生往往人际交往能力较弱。

要想让孩子拥有良好的人际关系，可以让兴趣来帮忙。

首先，兴趣和能力相辅相成。

孩子交友的能力都不是与生俱来的，而是在实际生活中体会出人际交往法则，然后这些经验逐渐转化成能力，使孩子成为一个拥有良好人际关系的人。在这个过程中，要注意让孩子多尝试，而不是限制，让孩子多感受交往的乐趣，而不是打击孩子。

天天（4岁，男）和琪琪（4岁，女）同在一个幼儿园上中班。他们两家住对门，小区里有很多他们的同班同学，琪琪最喜欢约着同学在楼下玩。每次出门时，琪琪都去敲天天家的门，十次有九次是天天妈妈开门，说儿子没空下楼。天天在妈妈背后急着表白自己有时间，却总是被妈妈呵斥回去。

时间一久，琪琪不再去碰壁了。天天下楼的次数越来越少，偶尔下楼，也总是牵着妈妈的手站得远远的。

琪琪不仅在小区里交了一堆朋友，在幼儿园里也和同学们相处融洽。有一次，小朋友们一致推选她做了"小小升旗手"，那天，她换上小礼服，被大家围着，可神气了，天天看了羡慕不已。

琪琪看见了，很义气地把大盖帽递给天天，说："给，你想试试吗？"

天天缩着手，说："妈妈不让我碰别人的东西。"

原来，天天的体质不太好，妈妈担心外面不卫生，也担心天天被别的小朋友欺负，自己没时间带他出去时，基本就不允许他下楼玩。

一次，天天和小朋友交换了一个"宝贝"蚂蚱，他兴冲冲地回家跟妈妈分享，却被妈妈抓起来扔到马桶中冲走了。妈妈一边抓着他的手反复搓洗，一边批评他乱拿别人东西。眼睁睁看着好不容易换到的蚂蚱就这样消失了，天天心里好沮丧。

两个小朋友既是邻居，又是同班同学，我们可以想见他们不同的未来。琪琪在和众多小朋友相处的过程中，建设关系的能力越来越强，成为乐于与人交往的"社牛"；而天天在诸多限制下，没有机会锻炼交友的能力，就会成为越来越回避与同伴交往的"社恐"了。

要想使孩子乐于并擅长交友，父母可以在保证安全的前提下，尽可能提供给孩子和同伴交往的机会并尊重他们的选择，能和他们一起分享乐趣、总结经验。

其次，孩子的兴趣爱好还可以成为友谊的敲门砖。

你可能有过这样的经历：遇到一位有共同爱好的人，就有说不完的话。网上很多社群就是因各种兴趣爱好而发起建立的，比如主题为宠物、运动、舞蹈、车友等的社群。社群成员之间交流经验，在共同的爱好上互通有无，这种既有付出又有收获的感觉，非常容易让人们从同伴发展成好朋友。

七岁的格格最近在小区里交到了一个新朋友彤彤。

彤彤比格格大三岁，妈妈很好奇格格是如何和这位小姐姐成为朋友的。

格格就对妈妈说："彤彤姐姐是我在下楼倒猫砂时认识的。她看我扔猫砂有点儿拎不动，就帮我把袋子拎到了垃圾桶旁。我看她身上有猫毛，就问她是不是也养猫了，彤彤姐姐就说是。姐姐可厉害了，她家里养了三只猫、两只狗，平时还会在小区里喂流浪猫。然后我告诉她，我前不久也刚捡了一只小猫，问彤彤姐姐该怎么养，姐姐特别好，和我说了好多养小猫需要注意的地方呢。"

"谢谢姐姐帮你拿垃圾了吗？"

"嗯，我谢过姐姐了。对了，彤彤姐姐还邀请我去看她的小猫猫，你能和我一起去吗？"

"她家长知道这事吗？"

"知道的。"

妈妈想了想，同意了。

经过几次串门，格格妈妈发现彤彤妈妈竟然和自己一样，也是个美食爱好者，两个妈妈也处成了研究美食的朋友。

这不，下周末，两家人还约好了一起去郊区自驾游呢！

有时候缘分就是这么妙不可言，每一个小小的兴趣都有可能为你、为孩子带来一段全新的友谊。鼓励孩子走入人群吧，让兴趣为孩子搭起一座人际关系的桥梁。

📖 让兴趣爱好带给孩子幸福感

有这样一句话：学问必须合乎自己的兴趣，方才可以得益。

你可以通过观察孩子自身的特点、能力、倾向性等，帮助他找到能够让他快乐一生的爱好，这将是他幸福人生的宝贵财富。

同时，当人生处于低谷时，兴趣也能成为人们在悲伤河流中逆流而上时搭乘的希望方舟。我之前曾看过一个报道，在北京的一个冰场，有一位70多岁的常客。老大爷几十年来都在这里溜冰。50多岁时，他的孩子因为先天性心脏病去世了。60多岁时，他的老伴也去世了。家人没了，可生活还要继续，滑冰成了支撑他活下去的一个精神支柱。采访中老人说："在家待着只觉得生活是苦的，只有在冰场上，我能忘却一切，只感受滑冰的快乐。"

我还做过一个咨询，那个孩子是在我的咨询生涯中少数几个让我感到束手无策的人之一。

妈妈带着上初三的儿子来咨询，因为儿子说自己抑郁了，觉得活着没意思，又不愿意去医院，现在辍学在家。

这个男孩性格内向，不爱说话，平时在学校里没有朋友。学习不好，也没有任何特长。

我问他有没有喜欢做的事情。没想到这孩子既不爱看书也不喜欢音乐，更不喜欢运动，就连打游戏也是为了打发时间，打久了也觉得没意思。我问他以后想做什么，他一脸茫然，说没什么想法。问完，这孩子的世界给了我一片荒芜的感觉。

我问妈妈孩子中小学的课余时间都做了什么，妈妈说自己受教育程度不高，希望孩子好好学习，给孩子从小就报了大量的补习班，盯着他完成作业。孩子小时候挺听话的，但是现在别说课外班了，课内作业都不做了。孩子这时插了一句话："那不是听话，是因为我太小，反抗不了你们。"

我为这个孩子感到难过，但凡他能有一个兴趣爱好，哪怕是观察蚂蚁搬家呢，也能为他的世界带来一片绿洲。

在孩子小的时候，父母可以给他们多提供一些体验的机会，从中发现孩子喜欢的领域或者擅长的方向，并将其发展成能陪伴他一生的兴趣爱好。当孩子大一点儿，父母也不要因为这些兴趣爱好占用学习时间而轻易将其舍弃。特别要注意的是，千万不要带着功利性的目的，把孩子的兴趣爱好变成了任务。

人生的乐章，不可能永远高昂。当遇到低谷时，兴趣爱好给孩子带来的幸福感，可以作为他们成长的间奏。奔跑暂停，但热爱生命的旋律不会停。

📖 父母也要培养自己的兴趣爱好

最后，我想提醒你，在帮孩子培养各种兴趣爱好的同时，你也不要忽略了自己。

只有两个独立的灵魂才能彼此尊重、支持，并且爱护对方。你最好也有一些自己的兴趣爱好，不要把所有的精力都放在孩子身上。你要有自己的生活，做一个精神世界丰裕、现实生活有趣的人。只有这样，你才能和孩子一起，看到更加多姿多彩的世界。

欣大侠的小故事

欣欣从小就兴趣广泛，这些年下来，她前后学过轮滑、绘画、芭蕾、足球、网球、游泳、钢琴、朗诵、合唱，还有其他一些杂七杂八的，但她并不会把每种兴趣都坚持下来。

迄今为止，欣欣坚持最久的兴趣应该就是合唱和朗诵了。

我在欣欣很小的时候就发现了她对音乐的喜爱，后来，我带着她去欣赏了几次合唱演出，欣欣马上就对这种歌唱形式产生了兴趣。有了这个兴趣开头，加上认真练习，欣欣之后被选拔进黑鸭子童声合唱团也是水到渠成的事。另外，我让欣欣选择合唱而不是独唱，也是有原因的。

我之前咨询过一位音乐家朋友，她不建议还没过变声期的孩子学习独唱。我听从了专业人士的建议，没有选择揠苗助长。在合唱团，她还收获了共同训练、共同完成演出任务的同伴友谊。至于以后她会不会练习个人独唱技巧，我也会尊重她的决定。

欣欣另一个值得一提的兴趣是朗诵。

说到欣欣为什么开始学习朗诵，这就不得不感谢我的恩师卢勤老师。

卢勤老师从小看着欣欣长大，欣欣每次见了可亲的卢奶奶都特别兴奋地说个不停，两位忘年交总是聊得不亦乐乎。

卢奶奶赞美她说："欣欣这小嘴叭叭的，可真是太能说了。她这语言表达能力可比同龄的孩子强，以后是当主持人的料子！"

于是，我和欣欣的爸爸开始有意锻炼孩子的表达能力。在开家庭会议的时候，我们邀请欣欣做主持人。欣欣很珍惜这个能够"主持大局"的机会，为了提升主持水平，她甚至主动提出要学习朗诵。

在她学习朗诵后，我偶尔在家里开个小型朗诵比赛，和她竞争一把。一开始总是我赢，欣大侠很不甘心，于是为了能赢过我，她偷偷地在背后勤加练习。

欣欣的爸爸有时会调侃我，说我仗着多年的工作经验以大欺小，也不知道让让女儿。

我就说："就是因为欣欣那么努力准备，我才不能给她轻易放水。我这叫尊重对手！"

欣欣也在旁边点头："没错，就算是亲妈和亲闺女也要公平竞争，爸爸，你这个当评委的可不能搞黑幕，我坚决反对打假赛！"

听了这话，欣欣爸爸哭笑不得，"嘿，你们娘俩这一唱一和的，反倒搞得我成幕后黑手了！"

在爸爸无奈的眼神注视下，我和欣欣又是一阵爆笑。

☆ **我想与您分享** ☆

在欣欣的兴趣培养上，我有两点想说。

一是孩子有放弃兴趣的权利。

孩子在小的时候对世界充满了好奇，他们可能会对很多事情都感兴趣。父母可以给他们提供尝试各种活动的机会，因为只有试过才知道自己喜不喜欢，擅不擅长。成年人都不一定能坚持每个兴趣爱好，更何况孩子呢？如果孩子在练习时感到痛苦，不想继续某项兴趣，父母没必要以坚持为由逼迫孩子。

二是父母要为孩子的兴趣发展提供丰沃的土壤。

就像欣欣，她喜欢讲话，我和欣欣爸爸就给她提供讲话的舞台。鼓励和支持就像阳光雨露一样，帮助欣欣茁壮成长。同时，父母本身也可以参与其中，用自己的言行带动孩子，为他们的兴趣发展提供充足的养料。

第六章

游戏的力量，
促进家庭成员共同成长

📝 曼云会客厅 <<<

我和儿子康康现在最大的冲突点就是手机游戏。

如果让我列一个"本年度禁语排行榜","任务副本""皮肤装备"和"氪金抽卡"一定占据前三名。

现在,康康是重度游戏上瘾,坐车的时候打游戏,吃饭的时候打游戏,就连上厕所和睡觉前都要玩手机。这么一来,别说老实写作业了,他平时上课也是心不在焉的。进入初二后,他的成绩已经从班级中上游滑到了下游,距离垫底也就是一步之遥了。

再过一年就要中考了,我试着和他讲道理,可他不听。我也没收过手机,他要不就想方设法把手机偷回去,要不就借同学手机,实在不行就绝食抗议。最近一次我把他手机收走后,他当着我和爸爸的面把桌子都掀了。

这几天孩子爸爸有点儿扛不住,和我说,要不就由着儿子算了。

这怎么能行?

孩子现在没日没夜捧着手机,这样下去,别说学习和未来了,就是身体也要坏掉了。

我实在是没辙了,再这样下去,我都想把孩子送去那些戒网瘾的学校了。

——来自康康妈妈的分享

💡 点对点,真知道

◎身:在智能手机普及的近十年间,手机成了大多数人通信、娱乐甚至工作的首选工具,但也成为不少父母的"头号敌人",因为很多亲子间的矛盾都是由玩手机引发的。

◎心：康康为什么会夜以继日、废寝忘食、和父母斗智斗勇地玩游戏，甚至做出宁愿放弃学业也不能放下手机这种自毁前程的事情呢？父母首先需要搞清楚背后的原因，而不是先入为主地认为只是因为孩子贪玩。

◎育：康康的这种情况很常见，只不过严重程度不一样。父母之所以不能妥善地处理这种情况，一是因为忽略了孩子在游戏中的体验，只硬性提出要求；二是因为只针对玩手机这个表面问题找解决办法，而忽视了其背后的核心问题，即时间管理、成就感、责任感等能力培养。

是什么

许多人可能忽视了这样一点：玩游戏本就是人的天性，想要完全禁止是不可能的。

游戏的定义很广，远不止电子游戏。

词典给出的定义是：游戏是指以直接获得快感（包括生理、心理的愉悦）为主要目的，且必须有主体参与互动的活动。

柏拉图说：在进行跳跃性发展的过程中，游戏是一切幼子（动物的和人的）所需要的意识层面的模拟活动。

这两种定义都体现了游戏是人类与生俱来的需求。因此，禁止游戏无异于在和孩子的天性作对。

任何和天性对着干的教育行为都是吃力不讨好的，与其在一条死胡同里打转，你不如换个思路。比如参与到游戏当中，体验孩子的乐趣，开发能和孩子共同娱乐的游戏，把游戏变成一个促进孩子成长、建设良好家庭氛围的工具。

从家庭教育角度出发，我给游戏下了一个定义：在孩子成长过程中，所经历的每一个不同寻常的角色体验活动。

莎士比亚也曾说过：整个世界都是舞台，所有的男人和女人都只是演员，他们有自己的出场和退场，每个人在他们的时间里扮演着许多角色。

孩子通过扮演不同角色获得了新奇感，他们就会觉得这类游戏有意思，也会愿意更深入地参与当前的活动。聪明的父母，可以把游戏带来的体验放在"学习""运动""交流"等各种成长任务中。

电子游戏也是游戏的一种。因此，我们不能用绝对否定的态度谈游戏色变，而是要从游戏的基本定义出发，将其变成有利于亲子互动的桥梁。

为什么

游戏背后是满足心理需求。

近些年，电子游戏成为很多亲子冲突的导火索。不管你是不是愿意，电子游戏显然已经成为当代儿童文化的一个非常重要的组成部分。其实不仅仅是孩子，就连成人也很容易沉溺于游戏中。是什么原因导致这种现象的发生呢？

第一，带来自信。

有一位妈妈来咨询，14岁的儿子偷偷用妈妈的手机给自己的游戏充值3万元。在咨询中我了解到，充值可以让她儿子获得高阶装备，更具备战斗力。在虚拟的世界里，她的儿子已经成为一名小有名气的战神，还组建了一支队伍，拥有不少对他推崇备至的粉丝。因此，他不断地充值，用于保持自己的战斗力以及打赏给队员，来维持他的权威地位。充值3万元那天，来自系统的奖励和队员的崇拜，让他的自信心达到了巅峰。

在同学们眼里，他是一个成绩一般、性格内向、不善交流的人。在父母眼中，他是一个不自信、不求上进、成绩怎么补也不理想的孩子。但在游戏中，他找到了另一种身份。

由此可见，玩游戏的人通过游戏获得了在现实中得不到的自信。

第二，获得成就感。

游戏设计者的目的，是通过一环扣一环的设计，让玩家更长时间地留在游戏中。

我曾经在"T.E.S.父母成长课"上，组织家庭成员讨论为什么游戏容易使人沉迷其中。游戏难度的逐级提升、每完成一级获得的勋章、同级别玩家的排名，这三点位列前三。

其中有一位五年级的小男生说："开始时并不难，很容易完成。即使中间出错了，系统会及时给你加油，同伴也会鼓励你。完成一级后系统撒花祝贺，再发一枚奖牌挂在名字旁边，很有成就感，让我特别想挑战下一关，获得更多的奖励。学习就不是这样了，平时做完作业还有课外作业等着我，考了第二名还有第一名在前面。我妈还总拿我跟同学比，好像得到什么荣誉都不值得骄傲。唉！"说完，他还叹了口气。

由此可见，电子游戏在环节中设置几个小程序，轻易让玩游戏的人得到现实中难以企及的成就感。

第三，收获友谊。

有一名玩了六年，而且只玩同一个网络游戏的大学生说："玩到最后，我看着游戏公司为了赢利不择手段，把游戏设计得乱七八糟。看着好朋友一个个离开，心里真不是滋味。我一直坚持到没几个好友了才退出的。退出以后，我再也没碰过游戏。这六年最值得回忆的就是我在游戏中交了好多朋友，除此之外再没什么意义了。"

哈佛大学一个长达70多年的成人发展研究表明，良好的社会关系会使人拥有幸福的人生。但人际交往是一种能力，当一个人在现实中没有能力发展优质关系时，他们将通过虚拟世界满足对友情的需要。

第四，舒缓情绪。

有一个妈妈来找我咨询："我女儿学习挺好的，别的事情也愿意跟我们沟通，唯独玩游戏这件事让我头疼。要说总时长玩得也不多，就是她考完试或者做完作业，总喜欢玩一会儿，干涉她吧，她就说太累了，需要放松一下。"

我问她："你觉得问题是什么呢？"

她说："我也理解她上高中后学习压力有点儿大，但可以听音乐啊，出去运动啊，看看课外书啊！玩游戏会让精神更加紧张，大脑实际没有得到休息啊！可是她说玩游戏让她心情愉悦，还能全然放松。"

听完她的话，我突然想到那句"有一种冷叫妈妈觉得你冷"，这位妈妈是"有一种放松叫妈妈觉得你放松"。现在的孩子是伴随着网络和电子产品成长起来的一代人，网络和电子产品已经成为他们业余时间的重要占有者，他们也在其中找到了缓解焦虑或释放压力的方式。父母由于对电子游戏可能产生的负面影响过度担忧，失去了和孩子平等对话的机会。

因此，当父母发现孩子沉迷游戏时，只有和孩子一起理解游戏背后的心理需求，才有可能找到更多元的替代方案，真正帮助孩子摆脱对游戏的依赖。

怎么办

把玩游戏作为了解孩子的好机会

无论多大的人，在游戏中都会不自觉地放下防御，全情投入。并且随着投入程度的增加，人们会不自觉在游戏中展露出真实的自己。父母通过观察孩子在游戏中的行为表现，就能很好地了解他们的性格倾向和行为特点。

晨晨（9岁）、小明（10岁）和洛洛（10岁）三个小男生一起玩斗地主。洛洛当了两回地主，都赢了。现在到了第三轮，洛洛又抓到了一手好牌，又当上了地主，不由得得意起来。

"哎呀，我都赢了两回了，你们两个手下败将倒是争点儿气啊，老让我一个人赢，多没劲啊！"

晨晨听了差点儿没把手里的牌摔了，气得连连说："不玩了！不玩了！"

还是小明好说歹说，才把晨晨劝住。

第三轮终于开始了。

晨晨因为记着刚才洛洛嘲讽他们的事情，一门心思想打压洛洛的牌。

洛洛是个不服软的孩子，越是被打压，越是用言语挑衅晨晨，一时间气氛很紧张。晨晨自己的牌数太小，使尽浑身解数也压不过洛洛，又顾不上和小明打配合，不出意料，这一轮洛洛这个地主又赢了。

结束后，晨晨一直发脾气，嘴里嘀咕说"一定是洛洛作弊了"。没过一会儿，他的碎碎念搞得小明也不开心了。

小明对晨晨说："还不是你根本不和我打配合，我都算好了牌，最后那次出牌，你其实只要出对10就够了，根本没必要把对K扔出去。我一直在对你示意，你光顾着和洛洛斗气了，完全忘了我这个队友。你一点儿合作意识都没有，我们能赢才怪呢！"

从这个故事里，我们不难看出三个孩子有不同的性格。

洛洛处于上风时容易骄傲自大。他一直用语言挑衅晨晨，不会顾及他人感受。如果洛洛不注意收敛，这种性格很容易使朋友远离他。

晨晨脾气有些急躁，容易被激怒，有点儿输不起，同时他在合作协调方面也略欠缺一些。他需要学习管理情绪，面对不利处境时要学会寻求协作。

小明显然比另外两个小伙伴要冷静一些。打牌时会使用一些策略，能算牌，也知道要和队友合作。但是当合作失败后，小明把所有的责任推给了队友，一味责备对方。所以，小明需要学会承担责任，学习更多的交流方式以达成合作，这样才能把小聪明发展成大智慧。

看，通过这几把扑克，我们就能观察到孩子们在面对成功与失败时的不同表现，以及表现背后的性格特点。作为父母，我们也可以在和孩子一起玩游戏时细心观察，有的放矢地开展家庭教育。

构建平等亲密的亲子关系

在很多家庭中，各个成员一直被禁锢在固有的权力等级关系中。最为常见的是父母拥有控制权和决策权，子女与父母之间是服从与被服从的关系。孩子长期处于弱势的角色中，会发展出消极的应对方式，比如少说或者不说，因为他们觉得说了也没用；也可能是少做或者不做，因为做了总是被批评和指责。这也正是一些父母感觉到孩子越来越不爱和他们说话的原因。

游戏的魔力之一就是，能够让人们在参与的时候获得相对平等的身份。在游戏当中，每个人都是玩家，以斗地主为例，孩子可以是以一敌二的"地主"，父母也可以是需要合作伙伴的"农民"。

游戏可以使每一位家庭成员改变日常角色，在轻松、幽默、愉快的游戏氛围中，用新的身份表现、合作，甚至竞争。因此，父母要充分利用游戏构建平等而亲密的亲子关系。

格格的妈妈是"T.E.S.父母成长课"的学员。

有一天，格格跟着妈妈一起在网络教室听我讲课，听到亲子之间要平等的时候，格格激动地冲到镜头前大声说："我们家就不平等！平时吃什么、穿什么、学什么、上哪儿玩，统统都是爸爸妈妈说了算。他们总是说，'小孩子懂什么啊，听我们的就行了，怎么这么多事儿啊。'特别不公平！"

说者无意，听者有心！妈妈尴尬过后，开始反思他们平时和格格说话的态度。周末时，正好要完成关于游戏的家庭教育作业，全家人决定一起玩大家都感兴趣的飞行棋。

游戏开始后，却没有预想中进行得那么顺利。

格格因为年龄小，经验少，总是走错棋。刚开始记不住自己的棋子是什么颜色，后来又记不住下棋顺序，还没轮到她，她就抢在前面掷骰子。

爸爸妈妈不得不总是停下来提醒她，可是格格没有明显的改进。

不得已，爸爸提出了一条处罚措施："从现在开始，无论是谁，只要没按顺序掷骰子跳棋，方向走错了，或者是走了别人的棋，就停一轮，都同意吗？"

新的规则出来后，格格认真多了，再玩的时候，也开始仔细观察自己的行进方向。即便如此，格格还是出错了。

按照规则，格格要停一轮。

这下格格开始有情绪了，嘟囔着："你们老说我，出错了还罚我，我不玩了！"

爸爸习惯性地教育她："这可是我们说好的规则，你也同意了，是你自己没注意，这有什么可生气的？"爸爸边说边拿起棋子往前走。

这时，妈妈眼疾手快地按住爸爸的手，说："别动！你走反了！"

格格眼睛也亮了，原来爸爸只顾着说格格，没注意自己落子的方向。格格兴高采烈地加入战斗，还挑衅般斜睨爸爸一眼："哈哈，这下轮到你被罚停一轮了吧！"

从那开始，格格竟然很少出错，爸爸妈妈出言提醒她时，她也认真地听取并及时改正。

一盘棋下了一个多小时，一会儿出去的飞机被打回停机场了，一会儿两机相撞了。还有一段时间，爸爸的飞机被撞回大本营，他只好成了"旁观群"。

格格和妈妈临时结成同盟，两人达成和平协议，飞快往前"跑"。看着爸爸干着急的样子，母女俩笑得前仰后合。

最终格格获胜，第一个到达终点。

结束后，格格开心地说："妈妈，下周末我们不去看电影了，咱们还玩飞行棋吧。"

格格妈妈把这件事作为"T.E.S.父母成长课"的作业提交后，跟我分享："我们平时带孩子忙忙碌碌，好像总在完成各种任务，比如上学啊，上兴趣班啊，练琴啊，出去吃饭啊。在这些过程中，格格感受不到开心。这次为了完成作业，一家人一起玩游戏，不仅格格很开心，我和他爸爸也好久没有这样放松了。尤其他爸爸，平时总是一脸严肃地讲道理，我看到他在我和格格结盟时的窘态后，眼泪都笑出来了。

"而且我们发现，游戏前半程时，我们提醒格格注意规则，她还满不在乎，这种状态跟我们平时要求她学习时一样，她明知道我们说的都是对的，但就是不听。后半程她爸爸被罚以后，她不仅虚心接受我们的提醒，还再也没出过错。我们俩都很惊讶，原来同样的语言和规则，当孩子觉得是父母要求她时，她很难接受；当她感受到规则面前人人平等时，就能欣然接受了。

"游戏后，我们俩反思了之前对待格格的态度，原来我们不知不觉成了高高在上的管理者。因此，我们也尝试用平等的态度和她沟通学习问题，家里的气氛和谐多了！"

在家庭游戏中，格格看到了规则的公平性，而不是单约束她的工具。这种公平正是孩子们喜欢的亲子关系的样子。

和游戏化敌为友

纽约大学游戏中心首席设计师艾瑞克·齐默曼认为，游戏的本质其实就是一种系统，这个系统由规则进行定义，玩家参与其中，解决问题或化解冲突，并产生可量化的结果。

他的观点表达了玩游戏的进程：玩家发现冲突—解决冲突—得到成果。

这个进程恰恰就是学习的过程。近年来，许多教育工作者和教育研究人员已经意识到，游戏可以成为非正式和正式教育的重要组成部分。游戏和教育的融合，已经成为一个新的研究领域。

所以，游戏和学习并不是死敌，只要合理利用，完全可以让学习和游戏化敌为友。

美国威斯康星大学麦迪逊分校数学博士戴夫·穆森德开展过很多关于游戏的研究。他说道："我从小就喜欢玩各种各样的游戏。事实上，有时我对游戏都有一定程度的上瘾。现在回想起来，很明显，我从孩提时代玩的棋盘游戏、纸牌游戏、谜题和其他类型的游戏中学到了很多。"

戴夫·穆森德通过研究，提出了游戏和学习相关的五个重要观点：

1.学会学习。

2.了解一个人作为学习者的优点和缺点。

3.更善于解决具有挑战性的问题，完成具有挑战性的任务。

4.学习一些解决问题的一般策略。

5.将学习从游戏环境转移到其他环境。

在家庭教育中，父母可以从以下两个角度，引导孩子把游戏和学习结合在一起。

从游戏中锻炼学习能力

在孩子玩游戏的时候，我们可以引导孩子带着思辨的头脑去玩，教他们试着从现有的游戏中挖掘出有价值的内容。

比如说棋类游戏，玩这类游戏往往需要进行排兵布阵，能够有效锻炼孩子组织谋划的能力。再比如我在夏令营中带着孩子们玩的户外寻宝、你比画我猜、成语接龙等很多游戏，都可以锻炼孩子们的记忆力、运算能力、表达能力等。

欣欣幼儿园期间就开始打扑克了，最开始只会"小猫钓鱼"之类的简单玩法。在这个过程中，爷爷边玩，边用扑克教她理解了数字、简单的排列和计算等数学知识。

等到她拥有手机时，我和欣欣爸爸也没有绝对禁止欣欣玩电子游戏，但也没有完全放手。在下载电子游戏之前，熟悉游戏的爸爸会跟她一起了解游戏介绍、评价、适合年龄等内容。下载后，她和爸爸先一起试玩，玩过之后综合两个人的游戏感受，讨论是留下还是删除这个游戏。如果这个游戏被留下，他们会根据两个人玩游戏的经验进行评估，一起定个目标，比如多长时间打到什么级别。

欣欣有时在较短时间达成了目标，有时花了很多时间也打不到约定的等级。这个时候我们就会一起讨论分析原因，重新规划游戏目标或者换一款新的游戏。有一次听欣欣分析："这个游戏里设计了好几个'坑'，一是让你多花时间，二是让你多花钱。这可逃不过我的'火眼金睛'！充值的环节我一律绕道走！"看着她小手一挥的笃定模样，我忍俊不禁。

通过游戏，欣欣学会了根据自己的能力做选择、做事情之前制定目标、完成任务时做阶段性总结、游戏结束后进行多方面评估等各项技能。这些技能从游戏里迁移到学习中同样适用。

把学习变成游戏

很多幼儿教育都提倡"玩中学"，这是基于孩子天性的教育。只是在中小学阶段，这种迂回的学习方式多被直接的机械式学习替代了。父母希望孩子学了就会，做了都对，达不到目标时家里就上演"鸡飞狗跳"的戏码，亲子关系越来越糟糕。

父母与其用唠叨督促孩子，不如帮助孩子把学习内容游戏化，使学习过程变得有趣，激发起孩子学习的兴趣。

咚咚小时候不善表达，三年级开始写作文，写得也不好。为了提高作文成绩，妈妈给他买了很多作文集和文学名著，可惜咚咚都不怎么感兴趣。

后来爸爸想了个办法。

爸爸发现咚咚很喜欢画画，最爱画的就是各种各样的火车，于是爸爸就用硬纸板制作了两列小火车，并把从书中找出的好词好句分别写在每节车厢上。

然后爸爸和咚咚玩火车游戏，规定每个人选择三节车厢，并用车厢上的词句编故事。父子俩还邀请妈妈当裁判，谁的故事好，谁就能获得更多节车厢，最后的胜利者可以对妈妈许下一个愿望。

咚咚对这个游戏很感兴趣，为了赢过爸爸，他绞尽脑汁编故事。

第一次游戏结束后，爸爸获胜。咚咚很不服气，爸爸就和咚咚解释为什么自己的故事得分高，并借着这个机会和儿子分享了讲故事的诀窍。为了获胜，当晚咚咚就去研究怎么才能讲出更好的故事。

就这样玩了几天后，咚咚终于赢了爸爸一次，开心得蹦了起来，比妈妈同意他去游乐园还开心。

通过这个游戏，咚咚记住了不少好词好句。在接下来的语文考试中，他就像每天和爸爸玩游戏时那样写作文，并把积累下来的好词好句都用上了。果然，这次咚咚的作文进步很大，得到了老师的表扬，这让他十分高兴，也对写作产生了兴趣。

到底如何才能为孩子设计或者挑选出合适的"学习型游戏"呢？

你可以利用"T.E.S.三分生态系统"思维模型，来思考如何确定游戏的类型和规则。

身：根据孩子的年龄和当前学习目标设计相匹配的游戏。

比如同样拿扑克牌作为工具，认识数字时可以玩简单的"接龙"游戏；练习计算时可以玩"凑数"游戏；训练逻辑思维时，可以玩需要算牌的游戏。保证设计的规则适合孩子的年龄段，不要过于简单，稍微有一点儿挑战更能吸引孩子。

心：根据孩子的兴趣点和喜好，选择更能让孩子投入的游戏元素。

就像上文故事中的咚咚，他喜欢画画和火车，所以当爸爸把这两个元素融入游戏中后，咚咚就乐于参与。另外，玩游戏的核心目标之一是制造轻松愉快的家庭氛围，所以不管是设计游戏，还是随后和孩子一起玩游戏的时候，你要始终记得，不要太较真儿，让孩子体验到快乐比输赢更重要。

育：我们需要始终铭记在家庭中和孩子玩游戏的目的不是玩，而是通过游戏享受美好的亲子时光，培养孩子的各种能力，激发孩子的学习积极性。

比如，我们可以在亲子游戏中让孩子学会自我管理。父母在和孩子玩游戏时注意了游戏时间、游戏选择、评价总结，孩子在玩其他游戏时，也就不容易出现父母最担心的过度沉溺的现象。此外，我们不要忘记让孩子在游戏中感受到激励。激励的来源可以是游戏本身的趣味性，也可以是游戏时受到的鼓励，还可以是获胜后的奖励。

我想强调，父母面对游戏的态度"宜疏不宜堵"，与其把游戏当成洪水猛兽，不如参与进来，加以引导。在如今这个信息时代，想要把孩子和各种游戏隔离开来无疑是异想天开。既然这样，我们不如化被动为主动，把游戏变作一个工具，学会利用它，让它助力孩子的成长。

欣大侠的小故事

欣欣有一个"喜新厌旧"的学习习惯。比如，愿意写作文，却不愿意回头修改；爱预习，不爱复习，即使考试前复习，也是随便翻翻。对于这个习惯，她振振有词："我做事情的特点是'一鼓作气，再而衰，三而竭'！"我们也表示理解。

最近，这个特点因为一件事情悄然改变了。欣欣在学校得到了一个高年级学生为低年级学生补课的任务，被分配到的学习伙伴是一位因生病而缺课的四年级小姑娘。这位小姑娘的数学提升空间比较大，所以欣欣主要在这方面做准备。

第一次给别人补课，刚刚升任"老师"的欣欣干劲儿十足。

一开始欣欣想着，四年级的数学又不难，她教起来应该很容易，所以她给自己就留了三天的准备时间。随着备课工作的推进，欣欣突然发现给四年级的学生当老师没那么简单。

欣欣平时做题做得顺手，可是轮到她出题，却觉得怎么出都差点儿意思。为了能出好题，欣欣干脆把一到四年级的数学教材重新通读了一遍，然后又把各种类型的练习册和考试卷都找了出来，并按照难易程度做了分类。除了出题，欣欣还郑重其事地准备了上课用的课件，图文并茂，有音效有动画，内容相当丰富。

前期工作这么多，我本来以为欣欣会抱怨或是打退堂鼓，还准备随时去支援她呢。没想到欣大侠心气颇高，越有挑战，她越兴奋，翻箱倒柜地找资料。

有一回，我故意说："你自己的课业也很多，把这个小任务搞这么复杂，多累啊！"

"不累！我一想到小伙伴的成绩因为我帮她补课而能提高，就干劲儿十足！"

其实，关于欣欣帮小伙伴补课这件事，家中也有几种不同的声音。

爸爸的态度很佛系，他认为只要欣欣能安排好自己的时间，当老师当得高兴，那就随她去。

爷爷是很赞成欣欣当小老师的，他说教别人是最好的学习方式，当老师对欣欣自己也有好处。

奶奶倒是对此略有微词，她觉得欣欣花这么多时间在给别人备课，万一耽误了自己的学习怎么办？马上就要考试了，欣欣应该收收心，把心思专注在自己的学习上。

我试着缓解奶奶的焦虑："您换个角度想，欣欣给小朋友备课就是给自己做总复习。您想想，按照您孙女的性格，要是没这件事，她会想着把之前学过的东西这么详细地过一遍吗？"

奶奶一想也是，就不再多说什么了。

☆ 我想与您分享 ☆

欣欣对辅导别人这件事如此投入，最大的一个原因就是"小老师"这个身份带给她新鲜感。这种新鲜感让她把老师安排的任务当成有趣的游戏，这样一来，任务变成了新奇的挑战。

其实不管是备课还是出题，从本质上来说，欣欣都是在复习自己学习过的内容。当她带着"角色扮演"的玩家心态来做这件事时，兴奋感和责任感让她感到重复学习低年级的内容也不枯燥。

完成任务的过程不再是无聊的复习，而是变成帮小伙伴学习的"趣味游戏"。在教的过程中，欣欣和知识的关系也发生了变化，欣欣需要更深入地理解知识并转化成教学内容。复习不再是影响她自由的绊脚石，而是帮助她完成任务的好帮手。

更宏观地看，人们在体验一个非同寻常的角色时，容易产生游戏代入感。很多时候，我们也许不需要挖空心思寻找新游戏，只需要稍微转变一下视角，对生活、学习进行一点儿小小的"加工"，就能得到"一款游戏"，很多难题就会在游戏的魔力中迎刃而解。

文化篇

家庭文化是家庭教育的总指挥

在家庭中，文化可以跨越时空传承。这种传承不以社会、环境、经济变化而变化，是智慧的传承，是生命精华的延续。它会让一个家庭变得稳定而充满安全感，让家庭成员的相处时光美好而丰厚，让家族中每一代人的智慧和精神得以继承和发扬。

没有规矩，不成方圆。家庭规则保证了家庭文化发展的稳定性，更有利于家庭成员应对变化。

当每位家庭成员都能承诺参与共同的家庭时间，成员间有机会关注到彼此，表达需要及了解他人需求，获得相互理解和支持的愉悦感受，亲子及夫妻关系将变得更融洽。

家庭仪式，是通过筛选沉淀下来的文化、将物质和精神相结合的一种形式。举行家庭仪式就是在用一种非语言的力量，传递家庭文化中的意志和情感。

本模块将通过"T.E.S.三分生态系统"的思维模型，即身——家庭规则、心——家庭时间、育——家庭仪式三方面，帮你构建属于你家的家庭文化。

第七章

家庭规则，
解决问题而不制造问题

曼云会客厅 <<<

我家之前总是矛盾重重，先生不支持我，儿子不理解我，似乎我想干什么都干不成。我把这些事和一个朋友说了，她就和我说，这种混乱的产生是因为没有规则。接着，她还给我展示了她家的"家规21条"，她认为如果一家人都按照规矩行事，日子才能过得井井有条。

我仔细看了看她家的家规，内容包括衣食住行、生理、心理等，非常全面。家规制定得这么详细全面，也难怪人家的家庭生活和和美美。

我觉得这位朋友的话特别有道理，就把她家的家规拍了下来，回家后修改了一下细节，也搞了一个"家规30条"。

我兴致勃勃地拿着成果去找先生和儿子，没想到这一大一小联起手给我泼冷水！

我先生认为其中第五条"公共场合说话要注意音量，不要打扰别人"是在针对他，因为家里就他嗓门最大。

我儿子说第十条"不要和别人攀比"是在影射他，还对我说："我不就是多买了几双鞋吗？您要是不乐意，就直说。再说了，我买鞋是攀比，那您也别化妆，别买护肤品啦！"

最后这爷俩还说这个家规就是为了约束他们的，我这个制定者反倒最自由，一点儿都不公平。

这把我给气的啊！我费这么大功夫，还不是为了这个家，怎么就没一个人能理解我呢？

——来自G女士的分享

点对点，真知道

◎ **身**：家庭规则的服务对象是所有家庭成员，不是某个人。规则的建立要以符合自己家庭的客观条件和当前需要为前提。

◎ **心**：制定家庭规则要考虑家庭成员的心理接受度，不要过于指向某一个人。G女士的出发点虽是为了家庭，但却因为一言堂而让父子俩感到了被针对的意味，结果遭到了他们的一致反对。

◎ **育**：家庭规则需要家庭成员共同制定，只有经过从提议、讨论、修改到最终确定的一系列过程，才能让所有人都愿意遵守。

没有规矩，无以成方圆。

一个和谐稳定的家庭，必定是一个有规则的家庭。

说到家庭规则，很多家庭都有着一些相同的传统礼节或者习惯要求。比如，吃饭的时候不能把筷子插在饭上，也不能用筷子敲碗和杯子；长辈给晚辈递东西时，晚辈要双手接过；晚辈向长辈敬酒，碰杯时杯口要略低一点儿，以示尊敬……

如果孩子做到了这些，长辈就会称赞这个孩子是"守规矩的"，反之则会斥责"不懂礼节""爹妈都不教孩子什么是规矩，什么是体统"。

这些共通的规则是中华民族传统文化赋予每个家庭的精神遗泽。除此之外，每个家庭都会在各自独特的家庭文化背景下孕育出独特的"家规""家训"。

本章重点要讲的就是要如何根据自己的家庭情况，制定出适合自家的个性化的家庭规则。

为什么

规则使生活更有边界和秩序。

在日常工作中，以下情况的出现会给你造成困扰：领导分配给部门一项工作，却不说让谁做；或者分配给你的工作，快完成时被同事接手了，完成后功劳成了同事的。在家庭生活中，如果没有约定好谁做饭谁洗碗，谁接孩子放学谁辅导孩子功课，那做得多的人久而久之一定会产生抱怨和不满。

上述这些情况说明，没有规则的集体必然是混乱无序且效率不高的。在一个团体中，规则给团体成员提供了行为准则，比如学校有上学时间和放学时间，工作单位有上班时间和下班时间。规则能够让学习工作更有序，让人们更有集体主义精神。

小艾今年30岁，在银行做管理工作。前段时间，她在休产假，趁此机会她来找我做咨询。一见面我很诧异，以小艾的条件，休产假中的她不说珠圆玉润，但也不该消瘦疲惫。

小艾名校硕士毕业，在职场上如鱼得水，但她对家庭关系感到头疼无比：

"我和先生收入都不错，结婚后不久就买了自己的房子。去年我怀孕了，公公婆婆就从农村老家来照顾我们的生活，从此我们就家无宁日了。夏天天气热，他们不舍得开空调，公公就光着膀子。我忍无可忍，委婉地说他这样不文明，他生气地抱怨自己在老家时有树荫能乘凉，为了照顾我们，待在'蒸笼'里，还被说。我先生知道后很不高兴，觉得我对他父亲不尊重。类似的事情又发生了几次，公公负气回老家了。

"我前几个月刚生了宝宝，婆婆怕吵着她儿子，想让我先生单独睡，她来陪我睡。一是我实在不习惯跟别人同床共眠；二来我十月怀胎，一朝分娩，本来就够辛苦了，还要照顾宝宝，凭什么我先生就可以躲到一边好好休息；再说了，没有付出，怎么能跟孩子培养出感情呢。在我的坚持下，婆婆没能搬过来，但是跟搬过来差不多。夜里她只要听到孩子哭，就推门进来要把孩子抱走，说不能吵着我先生睡觉。这种行为搞得我很尴尬，她却不在意。几次过后我忍不住说了几句，结果婆婆非但没有收敛，反而觉得我不懂事儿。我先生也一味地让我体谅婆婆的爱子之心。

"我真是心力交瘁，感觉我都快得产后抑郁了。"

结婚其实并不仅仅是两个人的事情，而是两个家庭甚至家族的事情。夫妻双方带着各自的价值观、婚姻观和家庭文化，组建一个新的核心家庭。这个新家庭需要磨合，并在长期的共同生活中，照顾到所有成员的感受，满足各方的需求，逐渐形成核心家庭的文化。

在磨合期中，家庭规则十分重要。当核心家庭中有临时成员加入时，更需要用规则划分边界，以确保家庭主要成员的利益，也照顾到临时成员的需求。否则很容易出现小艾家这种混乱的局面：主次不分、意见不一、矛盾重重。长期矛盾激化还可能影响到家庭关系和婚姻质量。

怎么办

📖 掌握"T.E.S."家庭规则制定三要素

身：符合共同利益，简单明了、适用

在家庭规则面前，人人平等，它的制定应该是建立在家庭成员的客观情况及共同利益基础之上。制定规则的目的是约束所有家庭成员而不是某一方的言行，更不是父母用来管教孩子的工具。这样才能使每个人心甘情愿地参与制定

并遵守。

　　把规则设定得简单明了很关键。人们总是愿意记住容易记住的，所以作为家庭成员的言行指导，规则的内容最好简单明了，保证每个人都能记得住。

　　规则的适用在于因时制宜。规则不是一成不变的，而是根据家庭发展阶段或者孩子的年龄不断变化的。

　　咚咚小的时候，爸爸妈妈出于安全考虑，曾对他说："不要对爸爸妈妈有秘密，在外面发生了任何事情都要第一时间对爸爸妈妈说。"在小学时，咚咚对这条规则一直没有异议，可等上了初中，他对这条规则便产生了抵触。

　　有一天，他对爸爸妈妈说："这条规则需要改一改，因为有些我和同学们之间的事情，我不想你们介入其中，想自己处理。知道你们是担心我，但现在我已经长大了，对风险有初步的判断能力，不必事事汇报。如果碰到难以解决的事情我一定会向你们救助，请爸爸妈妈放心。"

同一条规则，对低龄的孩子是保护，对中学生就变成了制约。

爸爸妈妈制定的规则对小学时期的咚咚很适用，因为那时他的认知发展水平有限，当他面对一些突发事件和复杂问题时，这条规则可以避免不可控后果的出现。可是，到了初中，这条规则在咚咚需要更大的空间自我发挥时就成了阻碍。此时，规则如果不变，不仅会影响孩子自我同一性的探索，还会引发亲子矛盾。

适用也要与时俱进。有一些过去的传统规则在现代节奏下不太适用了，就不用强求。比如在过去权威型的大家长制家庭中，有"长辈不动筷子不开饭"的规则，这样的规则就不适用于现在民主型的家庭氛围，可以更换掉。

心：良好的关系是制定家庭规则的基础

只制定规则并不能解决问题，更重要的是在人与人之间的关系中去共同维护规则。

换句话说，光立规则，没人遵守，再好的规则也难以持续；只看规则，无视关系，则是本末倒置。

所以，如果想要保证家庭规则执行下去，你要先确保家庭成员之间的关系是和谐友爱的。

这也很好理解，只有大家的关系良好，家庭成员才乐意一起为了家庭的和谐付出自己的精力和时间。如果你和孩子正处于冷战的状态，你一提学习，孩子就皱眉；你一说游戏，孩子立刻和你翻脸。在这种情况下制定的家庭规则，非但不能成为解决问题的灵药，反而还有可能引发新的问题。

宏宏（17岁，男）的父母在他小学时离婚了，因为宏宏的父亲经济实力更雄厚，离婚时宏宏被法院判给了父亲。不过宏宏从情感上一直都和母亲更亲近。父亲也因为工作忙碌，和宏宏之间的对话常常是用吼的方式。

每年寒暑假宏宏都会到母亲家里住一段时间，这是母子都很期待的时光。

上了高中后，每次放假前宏宏母亲会询问儿子假期的规划，并和儿子一起完成计划。这个暑假宏宏计划要锻炼身体，每天晨跑3公里。在母亲的陪伴监督下，宏宏每天都6点起床，按时打卡。

假期结束后，宏宏回到父亲家，父亲得知儿子的晨跑计划，表示支持。然而，当他和儿子提出他会对此进行监督时，宏宏立马甩脸走人，再也不说要锻炼身体了。

从这个例子你就能看到，对于同样一件事，当面对不同家长时，孩子会根据彼此之间关系的亲疏程度来选择不同的态度和执行方式。面对妈妈，宏宏很乐意执行规则；面对爸爸，他的第一反应却是排斥和拒绝。

育：促进家庭关系的良性发展

有了良好的关系打底，就可以使家庭规则起到服务当下、建设未来的积极作用。建立良好的家庭规则，不仅能让孩子的心理更健康、综合能力更强，家庭也会更幸福。

我有一位"T.E.S.父母成长课"的学员，她的儿子刚上小学四年级。在学习了家庭规则相关课程之后，他们全家利用周末的时间进行了认真讨论，制定了10条家庭规则。为了便于大家记忆，她将规则打印出来贴在冰箱上，所有家庭成员在上面认认真真地签了自己的名字。规则的内容如下：

1.争取做到守时不迟到。

2.坚守诚实的优良品质，不撒谎。

3.珍惜食物，不要浪费。

4.做事情全力以赴，不要计较得失。

5.自己的事自己做，尽量不给别人添麻烦。

......

这些规则内容简洁、表意清晰，兼顾到了服务当下和建设未来两个目的，也便于家人理解和执行。在生活中，不守时、撒谎、浪费食物、因为谁做得多或少而心生抱怨的情况时有发生，如果家庭成员都共同遵守这些规则，那日常矛盾一定会大大减少，家庭关系也会更和谐。在这种家庭文化中成长的孩子，未来肯定不会差！

　　昊昊（男，13岁）从小就是一个慢性子的男孩。他不管做什么都慢吞吞的，经常因为太过专注于当下的事物而忘记了时间。

　　有长辈曾笑着说他就像一只小蜗牛。

　　上幼儿园时，有一次妈妈去接他，老师对妈妈说昊昊每次穿衣、吃饭都是小朋友里的最后一个，并委婉地建议昊昊的妈妈在平时的生活中增强孩子的自理能力。

　　妈妈回家把这件事和爸爸说了，两人一起思考为什么儿子缺乏时间观念和规则意识。

　　爸爸认为这可能和孩子从小的生活环境有关。这几年爸爸和妈妈的工作都很繁忙，出差和加班都是家常便饭，所以昊昊从小就和爷爷奶奶住在一起。他们很宠孙子，很多本应是昊昊做的事情就由他们代劳了。

　　妈妈同意爸爸的看法，并提出儿子再过一年就要上小学，是时候锻炼他的自理能力了。

　　意见达成一致后，两人又找爷爷奶奶商量昊昊的事情。

　　爷爷和奶奶心疼孙子，觉得爸爸妈妈小题大做。

　　奶奶先不乐意了："孩子还那么小，干吗逼着人家做这做那的？"

　　爷爷跟着附和："就是，穿衣吃饭这些小事，不用那么着急，等孩子大了自然就会了。"

　　爸爸妈妈首先表达了他们很理解爷爷奶奶心疼孙子的心理，在此基础上，他们又和爷爷奶奶解释了养成好习惯的重要性。老两口一听是对孙子好，也愿意配合了。

　　就这样，妈妈终于开始执行家庭成员共同商讨的计划。

　　妈妈心想，昊昊才上幼儿园，这个年龄段的孩子对于抽象的时间没有感知能力，她或许可以试着使用沙漏，将抽象的时间化为有形，这样孩子看到沙漏就知道还剩多少时间了。于是她从网上买了三个沙漏，分别是1分钟、5分钟和

30分钟的。

结果喜人。

看到妈妈买的沙漏之后，昊昊很开心地说，学校老师也是用的沙漏。妈妈心中窃喜，暗道自己找到了合适的教育方式。

在这之后，每次昊昊刷牙或是看动画片时，妈妈都会通过沙漏来规定这些行动的时间。由于昊昊对时间有了直观的感受，他的动作变得快多了。

为了进一步激发昊昊的行动力，爸爸提议可以使用积分的方式，即把昊昊在家里收拾玩具、穿衣吃饭等行为同积分联系起来。

当昊昊在规定时间内完成相应任务，爸爸和妈妈都会奖励他一定积分，每周末会进行一次结算。昊昊可以使用这一周获得的积分进行兑换，换取他想要的零食或者玩具。

这一招果然立竿见影。

每周末的积分兑换成了昊昊最期待的事，为了兑换小礼物，他穿衣吃饭都不再拖拉，再也不用妈妈催促了。

在这个例子中，昊昊的父母采用的沙漏计时和积分兑换这两种方式，不仅便于昊昊理解和接受，而且具有很强的可操作性，因此昊昊对于规则的接纳程度也很高。这一事例也体现了上文中提到的规则要简单明了、因时制宜。

同时，父母认识到爷爷奶奶对孙子的溺爱，会使昊昊的自我管理能力迟迟得不到锻炼，规则意识也很难形成。因此，他们首先通过沟通获得了老人的支持，这样既有利于孩子的发展，又不会伤害老人呵护孩子的心。

📖 规则面前人人平等

家庭规则的制定和执行过程中，最好做到人人参与，人人相关，人人同责。只有所有的家庭成员共同制定和一起遵守，规则才能达到预期目的。

首先，家庭规则的制定过程需要每一位家庭成员的参与，不应是爸爸妈妈定好了规则，再强制要求孩子遵守。

其次，家庭规则需要服务于每一位家庭成员，不能只管孩子，不管大人。别给你的孩子嘀咕"只许州官放火，不许百姓点灯"的机会。

最后，家庭规则的奖惩机制应该对每一位家庭成员都是平等的。比如，孩子熬夜看手机被发现会被没收手机，那么哪一天爸爸被抓到半夜偷看球赛时，他也应该受到同样的惩罚。

在我带领各种各样的孩子参加夏令营活动的近二十年中，经常有父母好奇："我们说孩子，经常引发亲子大战，怎么曼云老师说什么他们都听呢？"这是因为营规不单是为孩子们制定的，而是针对夏令营所有成员，包括老师在内。

比如，夏令营为了保证孩子们的饮食健康，有一条营规是全体成员都不可以吃零食、喝饮料。刚开始，一些吃惯了零食的孩子心有不满，总想偷偷地挑战一下营规。有一年的欧洲夏令营，我们路过一个冰激凌店，我和几个孩子一起趴在橱窗外看着里面五颜六色的冰激凌流口水，那馋样儿被不少营员看到了，并被他们火速传遍了全营。看到曼云老师出丑，几个大孩子生出豪迈之情，跑过来跟我说："老师，挺住！等闭营之后我请您吃冰激凌！"后来我们满怀希望，共同完成了15天没违规的"壮举"。在闭营仪式上，有一位同学说最骄傲的事情就是大家都没有偷吃零食，所有人自豪地为自己鼓掌。

在家庭规则中，父母希望孩子们能做到的事情，更要以身作则，自己首先能做到。

📖 优先关注当事人的情绪，让规则变得更有温度

家庭规则的设立要让家庭成员在规则中感到温暖，感到被关爱。因此，你在制定规则的时候，要考虑到每个人的需求和情绪。

当某个人的行为与既有的规则冲突时，你首先要思考的是自己是否真正了解其背后的真正原因，切忌一上来就指责批评。合适的做法是，优先关注当事人的情绪，而不是把精力只放在事件的是非黑白上。你们是生活在同一个屋檐下相亲相爱的亲人，不是法庭上的原告和被告，在执行家庭规则时多给对方一点儿温暖的人文主义关怀，这会让家庭规则变得更有温度。

恒恒（13岁，男）一家三口和姥姥姥爷生活在一起。他们家有一条"爱惜财物、勤俭节约、不铺张浪费"的规则，是姥爷提出、姥姥赞同、父母附议、恒恒同意的。

恒恒这段时间迷上了乒乓球，一向节俭的姥爷斥"巨资"赞助了他一副乒乓球拍。

这天恒恒放学回来，兴奋地对妈妈说："妈妈，我今天学会了一个新动作，我同桌打了三局都没能赢我！"

"厉害啊！"妈妈对恒恒比了大拇指。

恒恒得意得脸都红了，直接从书包里掏出了一只妈妈没见过的蓝色乒乓球拍，一边挥动，一边说："这只乒乓球拍挥起来更顺手，特别适合我'发大招'！"

妈妈有些疑惑，"这是你新买的球拍？我之前怎么没见过？"

"这是我用那只红色的跟我前桌同学换的，他也很喜欢我的乒乓球拍。"

妈妈还没来得及说什么，坐在一边的姥爷开口了："你是不是拿我之前送给你的那副球拍跟人换的？那拍子一个就要一百多呢。"

恒恒有点儿张口结舌，显然没想到球拍的金钱价值。

这时姥爷有些生气地说："从小教育你勤俭节约，你倒好，大手大脚地浪费金钱。"

"我怎么大手大脚了，我平时也没有乱花钱啊！再说了，我是跟同学交换，又不是扔了，怎么能叫浪费呢？"话音刚落，恒恒转身回了自己房间。

姥爷见了更是不满了，"这孩子是什么态度？"

"爸，您先少说两句吧。"妈妈拉了下姥爷，"您既然把球拍送给恒恒了，那就是恒恒的，他有处理球拍的权利。他和同学交换自己的物品是现在孩子很平常的交往方式，您这么上纲上线的，孩子心里肯定不舒服啊。"

姥爷哼了两声，不再多说。

妈妈转头进了恒恒房间，拉着儿子的手，安抚道："姥爷是吃苦长大的，最是珍惜财物。你看他身上那件毛背心，还是妈妈上大学的时候姥姥织的，他说什么都不舍得扔。再说给你买拍子可是他这两年花的最大一笔钱了，肯定心疼……"

恒恒平时跟姥爷感情很好，听了这些走了出去，跟姥爷说："姥爷，对不起，是我考虑不周。您别生气了，明天我跟同学把拍子换回来。"

"你都换了，再换回来，那不是出尔反尔嘛！送给你就是你的，你自己决定，我不干涉了！"姥爷虽然语气还很强硬，但也做出了事实上的退让。

姥爷和恒恒为什么会发生冲突？原因在于两个人对于"爱惜财物"的这条规则理解不同。

恒恒认为和同学交换物品非但不属于浪费财物，还巩固了友谊，是好事。而姥爷出生在20世纪50年代，那时物质比较匮乏，因此比较关注物品本身价值，这副球拍对他来讲已经是非常贵重了，一听被交换了，理所当然认为恒恒大手大脚，不珍惜财物。

从这里，我们不难看出，同一条家庭规则在遇到具体事件时，当事人的解读会有差异。主要当事人起冲突时，介于两人之间的妈妈关注到他们的不同认知以及引发的负面情绪，及时跟双方沟通，起到了媒介作用。她帮助恒恒理解了姥爷为什么生气，也帮姥爷放下对物品金钱价值的评价，尊重孩子的交友方式和自己处置物品的权利。

从那以后，恒恒家的规则并没有改变，但彼此的理解和包容更多了，家庭氛围也更温暖了。

📖 别把自己框住，规则并非一成不变

家庭规则是动态发展的，而不是一成不变的。

首先，我们要根据实际情况，随时对已经建立的规则进行调整。比如：

咚咚上小学时，妈妈规定他晚上9点必须上床睡觉，第二天早上6点起床。等到了放假，咚咚和妈妈商量能不能建立寒暑假特别作息规则，改成晚上10点睡觉，早上7点起床。理由是他平时上学的时候，每天早起很辛苦，好不容易放假了，他想早上多睡一会儿。另外，他可以在白天提前把当天的作业写完，晚上他想看点儿喜欢的电视剧。妈妈听了咚咚的话，觉得他的要求很合理，就同意了。而且，两人相约开学后会把时间再调整回去。

其次，孩子年龄的变化也需要纳入规则调整的考量当中。在孩子很小的时候，你对他说不要给陌生人开门，不要独自出门，这些规则都是合理的；可如果孩子长到十五六岁了，你依旧还用同样的规则要求他，那规则就会成为束缚孩子的绳索，使他失去很多锻炼自己的宝贵机会。

家庭规则是帮助你实现家庭和谐稳定的工具。以人为本，与时俱进，根据孩子的生理和心理发展各个阶段的不同特点有针对性地制定、调整规则，才是正确的做法。

欣大侠的小故事

　　开家庭会议一直是我家最喜欢的保留节目。我们为家庭会议定了许多条规矩，其中有一条就是"不管讨论什么话题，每个家庭成员都要对这个话题发表一下自己的见解"。

　　有一次，我们谈论起一则新闻。新闻的大致内容是一家大公司招聘，三个人同时通过笔试，面试时成绩第一并且各方面都优秀的女生没被录用，而位列第二、第三的两位男生却被录用了。后来公司承认他们确实考虑了性别因素。那位女生感觉很不公平，在网络上发了一个帖子，直指该公司性别歧视，这个帖子引发了数万网友的讨论，冲上了热搜。

　　支持者认为世界文明发展到今天，还因为性别歧视而不给予女性求职者同等的机会，是文明的倒退，因而呼吁大家支持这位女士维权。

　　反对者则认为有些职位因为工作内容和性质的原因，的确有性别方面的特殊需求，这种需求并不是因为歧视而产生的，是这位女士太矫情。

　　网络上众说纷纭，我们家也正好想就这个新闻一起讨论性别歧视这个话题。

　　我先抛砖引玉，说了下自己的看法："从这件事你能看到，对同样一件事情，大众更容易站在自己的立场去理解、评判。评论中支持者多是女性和年轻人，有些人说自己也曾经因为性别歧视被不公正对待过。而反对的声音大多是男性或者管理者发出的。由此可见，人们哪怕是对'男女平等'已经达成共识，可还是容易站在自己的立场去解读。"

　　之后是欣欣发言。

　　"咳咳"，她清清喉咙，严肃地说道："我主要有三点想法。我简单说一下啊。"

　　我和爸爸点点头，做出愿闻其详的倾听姿态。

　　于是，欣欣开始她的演讲：

"我觉得这个公司的做法有问题，理由有三：

第一，他们承认是考虑了性别因素。但在公司里，没有什么特别的事情是非男性不可的。

第二，公司的这种操作让人感觉很不诚信，如果开始就不想招聘女性，可以在招聘启事上就写上只招男性啊！开始不说，等到人家都过五关斩六将脱颖而出了，又因为这个特殊因素让人出局，太伤人了。这种表面上看似不存在性别歧视，实际上却存在的公司，只顾公司形象，而不考虑他人感受，不去也罢。

第三，这种行为对女性的伤害可能不仅仅是失去这一份工作，甚至对她的未来也会有影响。如果下一个面试官问：'你都在那个大公司以第一名的成绩通过笔试了，怎么又到我们这儿来了？'或者'你是因为没有被那个公司录用，才选择来我们公司吧？'你们说让这个女生怎么回答！"

听了欣欣义愤填膺的发言，我不禁为她层层递进的思维拍掌叫好。

显然爸爸也和我是差不多的想法，所以当我们询问他想法的时候，他说："你们俩说得都很好，尤其是欣欣，特别棒，基本上把我想说的都说了。我没什么想补充的了。"

听到这里，欣欣不高兴了："爸爸，您这样可不合规矩啊！"

爸爸试图打马虎眼："我这不是夸你逻辑清晰、思考深入吗？怎么还噘起小嘴了呢？"

不料欣欣一点儿都没被爸爸的"迷魂汤"迷倒："我们的家庭规则里规定了，讨论时每个人都要发表自己的意见。我和妈妈都说了，您可不能蹭我和妈妈的观点蒙混过关啊！"

爸爸被说得没了退路，只能搜肠刮肚，再想几条自己的原创观点。

☆ **我想与您分享** ☆

　　在我们家，这样的讨论发言经常发生。通常都是我和欣欣爸爸说得少，欣欣说得多。在这种训练下，孩子的表达能力、思辨能力、对社会的理解能力都得到了很大的提高。

　　这次讨论，爸爸无意中想"推脱"自己的责任。我发现，在面对规则时，相较于孩子，成年人反而容易找理由违反规则。像什么"我工作太忙，一不小心给忘了"或是"你说得挺好，就不用我再说什么了"之类的借口，不知道你有没有用到过。

　　父母一时躲闪或偷懒成功，都不应暗自庆幸，因为下次孩子很有可能有样学样。今天你不遵守，明天他不遵守，那规则不就形同虚设了吗？如果共同制定了家庭规则，父母要首先以身作则，只有这样才能让孩子感觉到平等，才能建设良好的亲子关系以及培养孩子的能力，让家庭规则发挥出积极的作用。

第八章

家庭时间
——打造良好关系的神奇法宝

曼云会客厅 <<<

　　我儿子今年15岁，我也做了15年的全职主妇。我把最宝贵的时间都给了家庭，可是最近却经常在想，这样的付出到底值不值得。儿子小的时候还好一些，自从上了高中，家里总是静悄悄的，好像总是只有我一个人。

　　我先生平时晚饭后有个漫长的如厕时间，至少半个小时。以前我老戏称他又"出差"去了，但最近他在厕所的时间越来越长。从厕所出来以后他就说困了，我想和他说几句话都找不到机会；我儿子回家后经常把门一关，说要一个人安安静静写作业。吃饭的时候儿子也基本上抱着手机，和我没什么话说。

　　我和先生都不是本地人，双方父母年事已高。当年我在单位也是骨干，生完儿子后因为没有人帮忙照顾，又不放心把儿子交给保姆，我就无奈辞职了。当时想着等孩子上学了再工作，结果后来发现接送、辅导功课根本离不了人。可是现在我有点儿后悔了，我当初牺牲了职业发展，是想换来一个孩子阳光、夫妻和睦的家庭，而不是把自己变成照顾他们生活的保姆，以及守着一个无话可说的冷冰冰的家。

——来自Z女士的分享

💡 点对点，真知道

◎**身**：很多远离家乡在大城市打拼的小家庭，有了孩子后都面临和Z女士家相似的问题，需要家庭成员做出较大改变来适应新的家庭结构。

◎**心**：夫妻中的一方为家庭做出了"不得不"的选择，心里难免怅然若失。他不仅失去原有的工作时间，还要适应新的生活节奏。而承担起家庭经济责任的那一方，压力倍增，也会因此牺牲一些家庭时间。对于孩子来说，如果他鲜少与父母进行有效的沟通，也会自动减少家庭时间。

◎ 育：家庭成员在必要时做出调整以应对变化，是一个健康家庭很重要的能力。调整时，家庭成员要共同商榷并做出中长期规划。尤其是在对于自己的时间分配上，夫妻之间和亲子之间都要保持沟通，相互鼓励、彼此分担，通过一些改善夫妻关系和亲子关系的行为来获得优质的家庭时间。

是什么

家庭时间是成员之间交流的重要载体。

一对夫妻建立一个家庭，构建出人生中最为依赖的生活空间。当孩子出生之后，入园、入学、离家、空巢等都是家庭成员需要面对的一个个鲜活的课题。家庭成员需要协商出一致的目标并共同努力。

在共同努力的过程中，家庭时间是成员之间交流的重要载体，是家庭文化的重要组成部分。研究表明，在长期稳定的家庭时间中，成员间关系呈现出融洽的、开放的、愿意交流的特征，能大大增加成员间的亲密度。每个人都有机会经常表达自己和倾听他人，可以提高相互理解程度，发展出家庭独有的共同语言。

家庭时间是共同营造出来的。在共同营造的过程中，优质的亲子陪伴和互动必不可少。

为什么

　　在家庭时间中，成员间高质量的陪伴和互动，是家庭加油站的核心能源。这些愉快的体验，可以使人拥有良好的状态参与社会活动，更容易表达渴望、关注他人和获得有效帮助。父母也可以借由高质量的亲子陪伴，帮助孩子树立正确的世界观、人生观和价值观，给孩子以归属感和家庭文化的认同感。

　　如果这种对高质量的陪伴和互动的渴望长时间得不到满足，夫妻关系就会因为失望渐行渐远，孩子也无法从父母这里学习到有效的情感表达方式及建立亲密关系的能力。

　　峰峰（14岁，男）刚升入初二，妈妈开始操心儿子中考的事情了。

　　峰峰初中上的是寄宿制学校，只有周末才能回家。平时，妈妈、爸爸和峰峰很少打电话交流。这周五峰峰回来后，妈妈提出晚餐之后一起讨论明年升学的事情。

　　峰峰立马表现出不满："我上了一周的学，累得人都快虚脱了。到家吃完饭都快9点了，天大的事也等我好好睡一觉之后再说，成吗？"

　　妈妈看儿子一脸疲倦，有些心疼，就顺着峰峰的话把这次谈话推到了周六。

　　第二天早上，峰峰迟迟不起床，11点多才从卧室出来。在等待的过程中，爸爸一直坐在沙发上看电视，对妈妈的焦急视而不见。

　　好不容易一家人吃完午饭，妈妈却接到公司的电话，通知她要临时加班。无奈之下，妈妈只能再次将谈话推迟。

　　"我临时要去趟公司，等我晚上回来咱们再开个家庭会议吧。"妈妈出门前，对着儿子和丈夫喊了一句，却没得到父子俩的回应。

　　这一天妈妈忙到7点多才到家，匆匆忙忙吃了个晚饭，终于有时间把峰峰和爸爸叫到客厅一起坐下来。

　　"我们讨论一下峰峰中考的事吧。"妈妈提议。

爸爸不置可否。

峰峰一直坐在一边低头看手机。

没人响应，妈妈有点儿尴尬。她沉默片刻，决定还是把要说的讲出来。

"峰峰已经初二了，明年初三，中考近在眼前，有些事情我们需要提前准备起来了。还有，之后升哪个高中我们也要开始考虑了，是直升现在这个学校的高中部，还是换个新学校，我们都要讨论一下……"

妈妈说了好久，才意识到客厅里只能听到自己的声音。她发现爸爸在闭目神游，峰峰还在看手机。

妈妈瞬间就愤怒了。

"合着我刚才一个人唱了半天独角戏啊，你们爷俩就没一个听我讲话的。"

"听了，听了……"爸爸赶忙睁眼辩解。

妈妈这时已经懒得去听爸爸的辩解，她走到峰峰面前，一把拿过儿子的手机。

"你就知道玩手机，我们在讨论你的事情，你怎么一点儿都不上心啊？"

直到这时，峰峰才终于抬眼看妈妈。

妈妈还在继续批评："一睡醒就玩手机，你老这么玩，不要眼睛了？"

"你怎么随便拿我东西，有没有尊重过我？"说着，峰峰抢回自己的手机。

"我哪里不尊重你了？"妈妈更生气了，"我不让你玩手机是为了你好！我尊重你，不代表我会纵容你！"

"反正你就是不尊重人。"说完这句话，峰峰径自回了房间，"砰"的一声关上门。

"这孩子什么态度啊！"对着紧闭的房门，妈妈震惊不已。她回头想寻求爸爸的支持，却见爸爸已经不在沙发上了。

看到多年来熟悉的这一幕又出现，妈妈瞬间眼眶红了起来。

峰峰家的场景和Z女士家有相似之处。正常情况下，家庭时间是指一家人在一起的"有效"时间，即家庭成员之间是有沟通、有回应的。

但在峰峰家里，爸爸、妈妈和孩子仿佛像是生活在三个星球上的人，各有各的时间。看似一家三口齐聚客厅，可实际上峰峰和爸爸是人在开会，心却在"出差"。这种状态下，哪怕一家人用再多的时间待在一起，也是貌合神离，对家庭关系的构建没有起到任何正面作用。

出现这种情况的原因可能与峰峰住校有关，平时峰峰没有和家人在一起的时间，周末回到家中，妈妈、爸爸和峰峰之间也少有一起开心聊天、玩耍娱乐的时间，亲子关系会变得淡漠。而爸爸也因为工作忙碌，在带孩子的问题上成了"甩手掌柜"。因此，当妈妈提出开家庭会议时，峰峰的第一反应是"与我无关"，爸爸则闭目养神了。

峰峰家真正需要的是能让家庭成员有效解决问题、建设关系的家庭时间，而这种家庭时间需要建立在良好的亲子关系之上。在这种家庭时间中，孩子可以提高表达、沟通等社会交往能力，家庭成员也能够在面临意外和挑战时劲儿往一处使。

怎么办

把家庭时间写进规则

通过前面两个例子，相信你已经明白，本章指出的家庭时间并不仅仅是家庭成员待在一起，而是更高质量的相处。把家庭时间的目的、具体安排和要求写进规则里，可以使每个人都能对共处时间引起足够的重视。让每个人都明白这个设置的重要性和目的，成为家庭时间的积极参与者，而不是旁观者。

每一个人都能参与

"愿意参与"和"能参与"是两回事。我经常听到父母和我抱怨：孩子一有时间就想着打游戏，根本不愿意和我们交流，我怎么才能建立起有效的家庭时间啊？

这个话题就涉及一个根本性的问题：孩子到底是"不愿意"还是"不能"参与？回想小时候，90后可能是沉迷网络聊天和电脑游戏；80后也许是找到机会就想看电视剧；70后经常偷看武侠小说；再往前，父母的烦恼可能是孩子总是不着家，天天在外面招猫逗狗地疯玩。是不是很多父母也有过类似经历？

你也可以再想想：即便再喜欢"刷剧"，如果有好朋友叫你喝茶聊天、走路登山，或者其他吸引你的事情，你会不会欣然前往呢？

其实孩子也一样，打游戏并不是他们的目的，更多是为了追求在现实生活中一时得不到的交流机会，体验趣味性和成就感等。因此，这种情况下，并不是孩子错了，而是你家的亲子关系出了问题，久而久之，变成了孩子不愿意参与到家庭时间中来。

看到这里，你可能会说：不知道在家庭时间中安排什么样的活动才能吸引孩子。

先别发愁，你可以先回想一下，在你和家人过去的相处中，有哪些愉快的体验和难忘的事情。大家都能从中体验到快乐的活动，就可以安排进现在的家庭时间里。这种活动安排也是对家庭文化的很好传承。

可以是：亲子之间愉快地交谈。

我们家有一个持续了十年的固定栏目"睡前夜话"。

在欣欣睡觉前，我们会坐在一起闲聊一会儿。她婴儿时期还不会说话，我就自说自话，会问：今天你做什么了啊？吃奶吃得好不好啊？玩什么了啊？她不会说话，也可能听不懂，但是会用亮晶晶的眼睛"回应"我。她的注视总是会给予我莫大的幸福。

从那以后，我和她爸爸一有机会就跟她说话，她也像能听懂一样，尽可能地回应我们，从咿咿呀呀到一个字，从一个词到一句话，从单向询问到双向交流。我们总是天马行空，家事国事天下事，我们事事关心；亲人友人陌生人的趣事，我们之间也尽量知无不言、言无不尽。在这个过程中，我每每因收获了欣欣的"童言童语"而乐不可支。

可以是：锻炼孩子人情世故的活动。

每年春节期间，大家都要走亲访友。咚咚奶奶家是个大家族，有很多亲戚。临近春节，咚咚一家会提前大采买，为春节走亲戚做准备。

去超市之前，一家人先一起列清单：大舅爷爷爱喝白酒，二舅爷爷爱喝红酒，小姨奶奶爱喝红茶、吃点心……渐渐地，咚咚也知道去谁家应该带什么礼物了。妈妈趁机"放权"，把购买礼物的选择权交给咚咚，爸爸用实际行动全力配合，帮助咚咚拎东西和开车。去年过年时，长辈们知道这么合心意的礼物全是咚咚选的后，都赞不绝口。

今年小姨奶奶过八十大寿，咚咚知道小姨奶奶最喜欢红色，所以选了一件大红色的羊绒衫。小姨奶奶特别喜欢，当场就换上了。

妈妈开玩笑说："以前，你爸爸最不耐烦陪我购物了，没想到现在每次去商场他都任劳任怨，购物还成我们的家庭保留节目了。"

"咱们来商场不是为了闲逛，都是为了家庭人情往来，连咚咚都这么积极，我一定得做好后勤保障啊！"原来咚咚成了爸爸的小榜样。

世事洞明皆学问，人情练达即文章。让孩子参与到家族层面的社会交往中，帮助他们学会如何站在别人的角度思考问题，也能学会如何从心理和物质

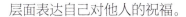

层面表达自己对他人的祝福。

还可以是：能够帮助孩子掌握某项技能、锻炼某些能力的活动。

每年暑假，爸爸妈妈都会带昊昊去野外郊游，有的时候还会露营。

一开始，昊昊觉得又麻烦又累，不如在空调房里吃雪糕打游戏来得惬意。不过玩了几次之后，他渐渐发现了露营的乐趣所在。

如果不是一起去露营，昊昊可能都不会发现原来爸爸是个野外生存的高手。爸爸会带着昊昊在森林里穿梭，不管是什么植物，爸爸都能说出这种植物的名字和功效。几年下来，昊昊认识了不少能吃的野菜，当然，他也见到了不少毒蘑菇。

在露营地，妈妈教会昊昊怎么利用手边的素材进行简单的烹饪。他还在爸爸的带领下，学会了搭帐篷、看地图，不靠导航就能分辨东西南北。

昊昊最得意的是最后这一点，因为他发现原来家里最大的路痴竟然是妈妈。没了手机，妈妈有时候还不如自己更能分得清方向呢！

爸爸还曾私下对昊昊说，以后爸爸不在家的时候，不让妈妈迷路的大任就落在昊昊身上了。

昊昊握了握小拳头，向爸爸保证他一定会给妈妈带好路，绝对不会让妈妈走丢！

现在，根本不用爸爸劝说，刚一放假，昊昊就迫切地问什么时候可以一起出去露营。

昊昊家的露营活动，不仅锻炼了孩子野外生存的能力，还让一家人在与平时不同的环境中发现了彼此不曾了解的优点，家人之间的情感更加亲密了。妈妈暴露了"找不着北"的小缺点也没关系，爸爸巧妙地利用这一点，激发了昊昊小男子汉的责任感。这种一举多得的活动当然适合作为固定的家庭时间啦！

所有家庭成员都乐于参与的愉悦活动，可以发展成为中长期的家庭时间。

这样才能使大家都从中获得快乐并愿意坚持，形成良好的亲子关系，让家庭时间变得更加稳定和持久。

安排特别时光，带来别样感受

孩子们在学校中有学习任务，大人们在职场中有工作任务。回到家里，大部分时间也是用来写作业、做家务等，各干各的。在这些环境中，大家都不太容易放松心情。因此，我们可以适当改变环境，安排一些特别的时光，能让家人放下各自的忙碌，全身心享受其中，家庭时间也会变得更加轻松和融洽。

特别的家庭时间

你可以安排一些特别的家庭时间，比如换一个场所，让家庭成员更轻松地相处，更放松地交流，一起享受生活。

像前面咚咚家的购物、昊昊家的露营，都是给家庭时间换了个场地。在这段时间里，完成一个和日常生活中不一样的目标，让大家更有新鲜感，也更愿意投入。

我们家也有一个这样的特别时间，就是去离家两公里的公园"郊游"。近两年，我们家每个人好像都很忙，周末也没有完整的两天时间可以"挥霍"。孩子小时候那种花一两天去郊区的活动就不太适合我们了。有一次，我们去家附近的森林公园遛弯儿，意外发现了一块宝地——离大门不太远的小树林后面，有一大片草地，可能因为位置偏僻，在这里停留的人并不多。

有一天午饭后，我们简单收拾点儿东西就向宝地出发了。到了那儿，把野餐垫铺在草地上，我躺在上面晒太阳、看书，欣欣和爸爸一起在旁边打羽毛球。休息的时候我们泡杯清茶，边喝边聊。

之后，那里成了我们家的"后花园"，只要有人提议"我们去后花园逛逛吧"，其他人立马心领神会，积极响应。

特别的地点并不一定要跋山涉水，也不一定花费巨资，只要每一位家庭成员都能有温暖、安全并且愉悦的体验，身边的公园也能成为家庭"度假地"。

特别的亲子约会

近几年，随着多子女家庭的增多，因为兄弟姐妹关系而引发的家庭问题也多了起来。

晶晶（10岁，女）最近总是生病，可去医院里里外外查了一遍，什么问题也没有。

有一天，晶晶又说不舒服，不想去上学，老师建议妈妈带她看看心理咨询师。她妈妈带着她来到了我的咨询室。

我问晶晶："看起来你最近好像真的病得有点儿严重，听妈妈说你从开学到现在，短短两个月已经请了五次假了。"

晶晶低着头，没有说话。

妈妈接话道："我们都查过了，她根本没有病，我看她就是在用装病逃避上学。"

我接着问晶晶："妈妈认为你是在装病，她说的是真的吗？"

让我没想到的是，晶晶竟然点了点头。

我好奇地问："你真是个诚实的孩子，那我想听你说说看，到底是怎么回事呢？"

"因为我想要妈妈陪我。"晶晶沉默了一会儿，低声说。

"啊？"妈妈不解，"我平时没有陪你吗？"

"自从有了弟弟后，你根本没有时间陪我。只有我生病了，你才一直都在我身边。"

妈妈愣了一下，有点儿无奈地笑了笑，终于明白了女儿装病的根源。

开学前，晶晶发了一场高烧。那次晶晶病得很重，连续烧了三天。这期间，妈妈寸步不离地陪在晶晶身边，没去上班，把弟弟也送到姥姥家了。那三天里，妈妈的陪伴让晶晶感到妈妈还是更在意她的！

可是病一好，妈妈又开始全身心照顾弟弟，冷落了晶晶，于是晶晶就有了反复"装病逃学"的行为。

了解了这些，妈妈内心酸酸的，她不忍责备女儿了，也不再给晶晶贴上"厌学"的标签了。

因为所谓的逃学，只不过是晶晶渴望和妈妈在一起的策略。

这次咨询，我给她们留了个作业：母女俩每周"约会"一次。

请妈妈每周负责和晶晶一起商量"约会"的时间、地点，最好是在非家庭环境中。

晶晶在每周这个特别的时光里，可以跟妈妈撒娇，可以把想跟妈妈说的话尽情地表达出来，也可以提一些不过分的小要求。

第二次来咨询时，她们反馈作业情况：

每周一次的"约会"时间，妈妈觉得不用边看弟弟边顾着姐姐，很放松。

晶晶觉得像回到以前家里只有自己一个孩子的时候，感觉非常幸福。

后来，晶晶妈妈还对这个作业"上瘾"了，不仅坚持做，还越做花样越多。两个人有时去环境优美的咖啡厅喝下午茶，有时去附近的小歌厅唱歌，有时去吃一顿好吃的，还有一次俩人去开了卡丁车。我的小助理看到朋友圈里晶晶妈妈晒的各式美照，感慨道："这母女俩成了好闺密了，真令人羡慕！"

最后，抛却"误判"的因素，被认为是"厌学"的孩子竟然被小小的家庭时间治愈了。

一个家庭中，成员越多，父母身上的责任越多。有时难免像晶晶家一样，妈妈身心疲惫，孩子欲求不满。当你也陷入类似的困局时，可以先按下暂停键，梳理一下每一周的时间。你会发现，像晶晶妈妈这样每周拿出两个小时"约会"也是可以做到的。

把这两个小时重新分配，分配给爱人、孩子或者父母，当然也可以给你自己。你可以从这短短的时间中获得美好的感受，这就是特别时光的神奇之处。

亲子共同成长

美国作家詹姆斯·鲍德温说："孩子永远不会乖乖听大人的话，但他们一定会模仿大人。"也就是说，在共同的家庭时间里，孩子总在有意无意地学习大人的言行举止。因此，你要想孩子将来成什么样，你就要做好表率。这才是最优质的亲子关系，最好的家庭时间。

父母应尽心设计出有趣的、有意义的家庭时间，并且积极参与其中，全情投入，以平等的姿态和孩子共同成长，会更有利于孩子实现更高的目标。

从小学到中学，耘耘的语文成绩一直名列前茅，还拿过全国作文比赛大奖。高三毕业时，她以全市语文成绩最高分被名校中文系录取了。大家都来道贺并取经，问耘耘的爸爸妈妈是怎么把孩子培养得这么优秀的。

妈妈说："其实啊，耘耘小时候也是一个厌学的孩子。"

原来，耘耘还在上幼儿园的时候，爸爸妈妈就给她制订了严格的日常计划，放学后的所有空余时间都被背诗、绘画之类的任务填满。虽然妈妈总是在旁边盯着，但效果并不好，孩子要么背诵不下来，要么拿着笔乱涂乱画，屡次激起妈妈的火气。争吵过几次之后，爸爸妈妈开始思考如何改变现状，他们尝试减少了不必要的任务，并改变了教育方式。

爸爸妈妈约定下班之后的两小时属于亲子时间，爸爸不再跷起二郎腿看电视，妈妈也不一边看手机一边盯着耘耘，而是两人带着孩子一起看书。学成语、背古诗时，他们设计了成语接龙和飞花令之类的小游戏，赢了有奖励。耘耘很喜欢这样的轻松氛围，她也愿意参与到这些有趣的小游戏中。不知不觉中，她学到的知识越来越多，学习兴趣也越来越浓厚。

孩子积极的状态也影响了爸爸妈妈，他们从"陪"孩子学习，到自己也享受这种有点儿小挑战的家庭时光了。爸爸大大减少了在外应酬的时间，妈妈也不再"刷剧",而是愉快地陪伴孩子,享受属于他们家的亲子时间。

前几年,诗词类电视节目大流行,全家会一起观看这类节目,爸爸因此在老朋友聚会中一举夺得"飞花令"的魁首,别提多得意了。妈妈也因为在陪耘耘阅读的过程中积累了大量的文学素材,领导都能感觉出她的变化,把单位里的宣传工作交给了她。

在这个故事中,刚开始,爸爸看电视,妈妈当监工,孩子的时间被各种各样的任务填满。不仅孩子的学习目标没达到,亲子关系也变得紧张。

后来,爸爸妈妈开始思考孩子"消极怠工"原因,主动改变自己和孩子的相处模式,把孩子从过多的任务中释放出来,为孩子设立了一个有趣的家庭时间,全家人都热情投入。父母成了孩子的榜样,孩子的成绩也带动了父母,最后一家人都因此获益,共同成长。

在有限的时间里兼顾工作和家庭,不顾此失彼,这既是能力,又是选择。如果你把工作、家庭、配偶、孩子、个人成长、生活享受的其中一项过于看重,那其他部分就会失衡。

在哪里花更多的时间,在哪里就会收获更大。选择打造一个温馨的家庭时间,建设良好的亲子关系,将是家庭成员之间实现心与心的沟通、孩子健康成长的法宝。在这个过程中,希望你是积极愉快的,享受和家人在一起的每分每秒,也希望你能把你们家庭的精彩活动分享给我。

如果是因为能力原因而导致你的亲子关系紧张,那你可以像我的"T.E.S.父母成长课"上的学员们一样,通过学习,让自己陪伴孩子的过程变得更科学和高效。

欣大侠的小故事

2022年春节期间正举办冬奥会，我们家的晚间活动就变成了一家人一起看比赛。在各种比赛项目中，欣欣最喜欢看花样滑冰。

每到自由滑的时候，欣欣盯着屏幕，眼睛都舍不得眨一下。

自由滑的一个亮点是比赛选取的背景音乐。我和爸爸总是会借着这个机会，和欣欣一起讨论音乐背后的故事和意义。

我记得有一个选手表演的是普罗米修斯的故事。我就和欣欣讲了这个人物在希腊神话中的相关内容。

欣欣听完，皱了皱眉，说："妈妈，你说得不对，我们课本上也有一段关于他的故事，和你说的不一样啊。"

我的好奇心上来了，让欣欣给我们讲讲。

欣欣说完她的课本内容之后，我们把爸爸叫过来参与讨论，最后得出的结论是，我和欣欣都没说错，只不过我的故事和欣欣的故事描述的侧重面不同而已。

除了乐曲的背景故事，我们还会针对不同国家选手的比赛风格做出评论。比如，俄罗斯队的选手在艺术表现和感情渲染上真的是有其独到之处，这种优势得益于这个国家的历史和文化。

我和欣欣时而意见一致，时而发生分歧。我们会讨论，也会争辩，但不管怎么说，在这段时间，我们都能够畅所欲言，每个人都聊得很尽兴。

当家庭中突然多出一个小生命时，手忙脚乱在所难免。在家里长辈的帮助下，我们的养育之路逐步上了正轨，我和欣欣爸爸开始重新调整自己的生活节奏。每个人都拿出了部分个人的娱乐时间，将其变成快乐的家庭亲子时间。

我们的家庭亲子时间也随着欣欣的年龄增长顺势变化。比如，小的时候，我们带她看儿童剧，和小朋友去郊游、去小型游乐场；大一点儿后，我们带她听音乐会，和朋友们做户外活动，去外面走走看看；现在，我们会一起品评话剧，一起和朋友们玩一些烧脑的游戏，一起聊地理、历史、社会现象等。

在这个过程中，我们经常有被欣大侠问倒的时候。她也不总是占上风，历史方面爸爸最擅长，文学艺术方面我的知识更丰富一些。在这些家庭时间中，我们相互学习，不懂就问，不会就查。现在我们三个人的默契程度越来越高，也留下了很多难忘的愉快回忆！

第九章

仪式感
——穿越时空的家庭文化烙印

✒️ 曼云会客厅 ‹‹‹

我们家每年都有过年回老家祭祖的习俗。

之前，儿子皮皮每年都和我们一起回老家过年。不过今年他突然间不愿意了，说让我和他爸回老家，他自己要一个人留在城里过年。

皮皮才刚上五年级，我跟他爸肯定不同意他一个人在家过春节啊，于是这孩子就开始撒泼耍赖。

最后，我们好说歹说，费了好大功夫才把那臭小子带回老家，可是从下了高铁起，皮皮就一直摆着张臭脸。

按照当地的习俗，大年三十晚上，一家人要去村里的祠堂祭拜祖宗的牌位。在去祠堂的路上，那小子又开始没事找事了。

一会儿说"大晚上的，路上冷，祠堂那边还有鸡粪味，不想去"，一会儿又说"不知道对着一群他压根不认识的人的牌位磕头有什么意思"，最后还嘀咕"老家那群所谓的亲戚，说话有口音，听不懂"。

这一路上，我和孩子他爸别提多尴尬了。

我告诉儿子这是很重要的传统仪式，他却说我们是思想落伍的老封建，他们班上的同学没有一个家里过年搞这些的。

唉，被孩子这么说，我还真挺难过的。

——来自皮皮妈妈的分享

💡 点对点，真知道

◎身：皮皮妈妈和爸爸是同乡，老家村民们的宗族观念很强。每到重要的日子，远在他乡的族人都会尽量赶回老家参加祭祀活动，这是客观存在的乡村集体活动，极具仪式感和传承感。

◎心：过年祭祀活动体现了皮皮妈妈内心深处和祖先之间剪不断的情感联结，她觉得让孩子和她一样具备宗族观是理所当然的。但儿子因为和老家的日常生活格格不入而不愿意回去，更因为这种活动和他的同学参加的都不一样而心生抵触。双方对这件事的心理预期是完全不同的。

◎育：这种传统仪式不仅让家族成员更有凝聚力，也是我们理解传统文化的有效形式。但是，这种看不见摸不着的文化观以及对先祖的敬畏，都是孩子难以理解的。因此，让孩子先理解这种形式背后的意义，比强行要求他们去参加的效果会更好。

是什么

家庭仪式是一种有制度感的生活体验。

仪式是秩序的一种形式，日常生活中多指礼节、惯例。比如我们国家传统的端午节、中秋节、春节、元宵节等，都有其固定的庆祝仪式。大型活动中也会有一些具有仪式感的环节，比如运动会开幕式上运动员的入场仪式、奥运会开闭幕时火炬的传递仪式等。

国家层面也有些达成公众共识的仪式，比如升降旗仪式、新年第一天各国领导人发出新年贺词等。

在我国少数民族活动中，仪式这个词更强调仪态和庄严感。比如彝族、白族等族的火把节，傣族的泼水节，回族和维吾尔族等族的开斋节，蒙古族的白节等，都是将民族文化融入节日仪式的典范。

家庭仪式需要带有制度感，让仪式变得有章可循。家庭中，有些仪式是和传统节日联系在一起，比如过春节时家庭成员一起吃团圆饭，端午节吃粽子和挂五彩绳等；也有一些是家庭成员之间的特殊约定，比如在我一个朋友的家里，他们全家人每年大年初一都在同一个地方拍一张合影。

为什么

幸福的家庭需要仪式感。

两个人组建了一个家庭，这不仅是两个人的事情，还是两种家庭文化融合为一的过程。好的家庭文化会令每个成员心生归属感，成为今后生活的准绳。但因为文化看不见，摸不着，所以在新的家庭文化建设过程中，还需要一些"好帮手"，其中，仪式感就是最好的助力。

家庭成员之间爱的纽带

家庭仪式使家庭成员以更认真的态度，把生活细则和文化联系起来。

几年前，有一对小夫妻来找我咨询。他们刚过了蜜月期，各种矛盾就开始显现了。

丈夫小肖觉得妻子灵儿花钱大手大脚，不是按需要，而是按喜好购物。比如好好的盘子刚用了一个月，灵儿又要买一套五彩缤纷的异形盘子，说看起来更有食欲。小肖就很不能理解："只要味道做得好，用什么盘子不都是一样的吗？这样买下去，家里厨柜放不下，势必会淘汰一部分，这不是浪费吗？"

妻子也嫌弃丈夫抠门。恋爱时灵儿看小肖挺大方的，结婚后发现他穿的袜子有破洞，内衣穿得很旧了也不换。她悄悄买了很多新的衣服和鞋袜，把旧的全部扔了，想给小肖一个惊喜。没想到他看了皱着眉头说："袜子只是前面破一个洞，补补还能穿；内衣平时穿在里面别人又看不见，越旧越舒服。干吗全买新的，完全是不必要的浪费。"

几个月来，这样的事情不胜枚举。俩人你一言我一语，说了半个小时，谁也说服不了谁，都希望对方能改变。

我很好奇："你们这么鲜明的个性都是怎么形成的呢？"

小肖说："我从小是跟着姥姥长大的。姥姥生长在一个大家庭，有兄弟姐妹七个。在生活困难的年代，姥姥作为老大，和父母一起精打细算撑过了最艰难的时光。姥姥艰苦朴素的生活作风影响了我——只要是可买可不买的东西，我坚决不买；面对可花可不花的钱，我也坚决不花。"

灵儿是独生子女，在一线城市长大。妈妈是一位会享受生活的女士，家里总是布置得花团锦簇。她教育孩子的原则也是感受当下的美好，过精致的人生。

回答完我的问题后，他们自己也发现，其实两个人都没有错，两人之间只是在原生家庭的文化影响下形成的价值观不同。

但是在新组建的家庭中，要生硬地实现谁向谁靠拢并不那么容易。于是，夫妻俩讨论出一个方法：每周末设定一个"决策仪式"。每个人都不要再凭着自己原来的喜好为家庭做决定。谁有需要就先记下来，放在周末的"决策仪式"中一起讨论。还规定了讨论中要以解决问题为目标，尊重对方，不要互相攻击。

后来，灵儿生了孩子，报名参加了我的"T.E.S.父母成长课"。她告诉我，他们通过这个"决策仪式"解决了不少的问题，小肖能接受灵儿为了美和享受生活的部分支出，灵儿也尊重丈夫对某些东西物尽其用的习惯。不仅如此，他们家还因为这个仪式，顺利度过了育儿初期的各种纠结。现在，这个"决策仪式"已经发展成他们家仪式化的内容了，就连孩子也参与其中，像小大人一样和爸爸妈妈一起讨论。

家庭核心价值观的具象化表现

人们的行为和选择，往往受价值观的影响。比如有的父母让孩子在公立学校的教育体系中成长，有的父母送孩子去双语学校或者私立学校，还有些父母把孩子送到一些小众学校中接受自然教育。

这些行为和选择的背后往往是父母价值观的体现：送孩子去私立学校的可能看重那所学校的教学方式和理念；选择让孩子上双语学校的可能希望孩子从小开始能多掌握一门语言；让孩子去上某些小众学校的可能觉得大自然是最好的老师……

但是，这些价值观通常没有在家庭中被明确地谈论，而是被各种行为表相掩盖了，以致孩子经常搞不懂父母为什么这么安排，只是被动地执行。这常常为亲子矛盾的产生埋下伏笔。

每年植树节，晶晶全家会一起去植树，就连已经退休在家70多岁的爷爷奶奶也不例外。

这是因为，晶晶的爷爷当年在甘肃从事防沙护林工作，她的爸爸从小就看到了很多叔叔阿姨为了让"沙漠退一寸，沙尘少一级"而做大量辛苦的工作。后来，晶晶的爸爸特意报考了林业科学院的防沙治沙专业。

一天，爸爸对晶晶说："沙尘天气给我们的生活带来不便是小事，对土壤的破坏是大事。我国是人口大国，要想每个人吃饱饭，前提就是搞好农业，而土壤是农业的重要基础，沙尘会对土壤造成很大危害。因此，防沙治沙、保护肥沃的土壤，不仅是爸爸的工作，更是环境治理的重要举措。"

晶晶恍然大悟："怪不得从很小的时候，爸爸妈妈每年都带着我去植树呢。"

爷爷在旁边说："对，别小看你种下的一棵棵小树苗，它们是我们家为生态保护做出的贡献啊！"

也就是从那次谈话后，晶晶不再觉得植树像郊游一样只是随便玩玩了，当她郑重地从爷爷手中接过小树苗时，仿佛也接过了他们家几代人对生态保护的责任。

晶晶家的家庭植树仪式简单又郑重，通过爸爸讲述植树的缘由，孩子理解了爷爷和爸爸重视修复生态系统、保护自然的理念和决心，让种树这个行为被赋予了别样的仪式。

家庭成员对传统文化的代代传承

中华文明之所以源远流长，很重要的原因就是即使在没有文字记载的年代，这些文化也能够通过家庭中的仪式年复一年传承下来。在节日中，家庭中的长辈和晚辈一起，通过仪式领略历史和文化的内涵。通过这种潜移默化的教育方式，民族的文化和传统仪式成为无数人孩提时代温暖愉快的回忆。

怎么办

📖 继续现有的家庭仪式

家庭教育内容不是空中楼阁，而是建立在每个家庭继往经验的基础之上的，家庭仪式也不例外。

我在"T.E.S.父母成长课"中讲到这个内容时，请学员们分享自己的家庭仪式。大家发现，即使同一个传统节日，不同区域不同家庭中的习俗也不一样。比如端午节时，大家除了吃粽子、戴香包以外，有的地方要喝雄黄酒，有的地方要吃煮鸡蛋，还有的地方把大蒜煮熟了吃。再比如过小年，北方大部分地区是在腊月二十三过，南方则多在腊月二十四过；北方人这天多吃糖瓜、麻糖、饺子，南方人则蒸年糕、吃汤圆。但是不管习俗有何不同，大家都很重视这些传统节日。过节的时候很有仪式感，家里大人们不仅认真准备，也会给孩子们讲述这些习俗的来源。

你也可以和家人一起梳理一下，看看每个人最喜欢的家庭仪式是什么，可以把这些仪式继续下去，并不断优化。

📖 发展独有的家庭仪式

现代社会中，合作的基础是契约精神，仪式可以说是一种文化契约、一种社会合作。因此，家庭仪式的建设需要全家人的一致认同并参与。

有的家庭会在孩子每年生日时，在相同的地方用同一种姿势拍张全家福；有的夫妻会在结婚纪念日共享一顿浪漫的晚餐；也有家庭讲究"上车饺子下车面"；等等。

在我家，从欣欣上小学开始，欣欣的爸爸有了一个新习惯。每到新学期开学的那天，爸爸会身着正装送欣欣去学校，并且父女俩会在校门前留纪念。等到放学时，爸爸会换一身休闲装去接女儿放学，并且在回家的路上带欣欣玩一会儿。

欣欣长大一点儿后不太配合拍照，也不理解爸爸为什么这么麻烦。经过爸爸的解释，她才明白爸爸这么做的内在逻辑和良苦用心：穿正装送女儿去上学，是想告诉女儿——学习是一件严肃的事情，要认真对待；放学后换休闲装，是想告诉女儿——生活要保持轻松的心态，不要事事较真儿；拍照是为了给女儿记录成长。

欣欣知道原委以后，每次都郑重其事地完成这项具有仪式感的留影活动。

怎么创造自己家庭专属的，能让孩子理解并认同的仪式呢？

你可以从"身、心、育"三个方面来着手。

首先是"身"：家庭成员的年龄不一样，心理成熟度和理解能力也有所不同，因此仪式的流程不要特别复杂，应该简单清晰。这样的仪式才容易执行，才能稳定持久。

在咚咚家，爸爸妈妈无论谁先出门，一定会和对方说声"我出门啦"，另

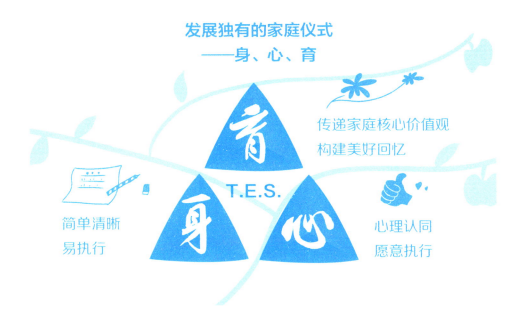

发展独有的家庭仪式
——身、心、育

传递家庭核心价值观
构建美好回忆

简单清晰
易执行

心理认同
愿意执行

T.E.S.

外一位一定到门口相送，即使有时忙着过不来，也会喊一声："好的，慢点儿啊！"咚咚从小耳濡目染，长大后也自然而然地和家里人打个招呼再出门。

其次是"心"：家庭成员需要对家庭仪式有心理认同感。这种认同感是指大家对仪式里的具体内容是认可的，愿意执行的。

优优家有个习惯，那就是在睡觉前互道晚安。这个约定最早是在爸爸妈妈刚结婚时定下的，优优妈妈说："两个人在一起生活，难免有摩擦，咱们争取矛盾不过夜。"优优爸爸觉得很有道理，提议道："那我们就约定每天睡觉前互道晚安。即便是当天吵架了也要执行这个约定，因为互道晚安可以让我们带着对方的祝福，而不是生着气睡觉。"

有一天放学回到家后，优优显得不太高兴。妈妈一问才知道，原来是这次作文没写好。妈妈着急了，把作文要过来看了看，并发表了看法，同时也跟老师发在群里的其他同学的范文对比了一下，指出了优优作文中的不足。优优本来没得高分就有些不开心，一听到妈妈把她的作文跟范文比就更加难过，一晚上没跟妈妈说话。妈妈觉得自己并没有对比，只是很客观地描述，觉得优优好没道理，也没有主动去哄她。到了晚上，妈妈在自己房间看书，优优把门打开一条缝，不太自然地说："妈妈，我睡觉了，晚安。"妈妈趁机打破了僵局："优优，对不起，刚才妈妈没有顾及你的感受，只是有点儿着急地想和你分享如何能写得更好，下次妈妈会注意的。安心睡觉吧。晚安。"妈妈和优优复盘了刚才的对话，就这样，两人相互理解了对方的感受，得以冰释前嫌，愉快地睡觉了。

这样一个小小的仪式，可是优优家关系和睦的小助手，全家人都乐于遵守。

最后是"育"：家庭仪式可以传递积极的价值观，创造家人共同的美好回忆。因此，如果我们能重视家庭仪式的趣味性，让家庭生活远离枯燥，那么孩子会更加乐在其中，积极快乐地享受家庭仪式带来的幸福。

家庭仪式是一家人共同记忆的锚点，在任何时候提起来，都应该是幸福的回忆或是家庭成员间会心一笑。没有父母希望等到自己老去，和孩子一起回想当年时，都只是因为学习而导致的不愉快的经历。

娜娜的姥姥和姥爷70多岁了，和娜娜的感情很好，娜娜经常看到两位老人相处时温馨的画面。

妈妈告诉娜娜："小时候，每年我过生日时，你的姥爷都会带着我给你姥姥挑生日礼物。那时候我还小，不太理解为什么要这么做。长大一点儿后，你姥爷告诉我，你姥姥当年生我的时候难产，她疼了三天三夜才把我生下来。所以，我生日的这一天也是你姥姥的受难日。姥爷感谢自己的妻子孕育了我，他要我也要记住你姥姥的辛苦。我和姥姥是姥爷生命中最重要的人，每年的这一天，除了庆祝我的诞生，还要感谢家里最大的功臣，也就是你姥姥。后来啊，每年生日时我都不用你姥爷说，早早就把送你姥姥的生日礼物准备好，感觉比我自己收到礼物还开心呢。"

　　娜娜爸爸在一旁听了，说："这一点我要向姥爷学习，以后孩子生日的时候，我也要和闺女一起谢谢你！"

　　就这样，每年娜娜过生日时，隆重地给妈妈送礼物成了雷打不动的仪式。

　　对于孩子来说，理解力是随着年龄的增长逐渐提高的。有些仪式可能略显复杂，他们年幼时不能理解，慢慢长大后就会明白了。当然，家庭仪式无须像其他仪式那样庄严、庄重，流程也应尽量简单好记。

　　小的时候，家里过端午节，每当妈妈提前泡糯米、大枣、红豆、粽叶时，我总是在旁边掺和。妈妈明知道我是想玩水，也不点破，她一边告诉我要泡多久，一边夸我能帮忙了。

　　长大一点儿，我还真能帮上忙了，虽然说包出来的粽子奇形怪状，但自己吃得格外香甜。再大一些，妈妈开始教我缝香包，我们一起去采买香料、五彩线，挑选漂亮的布头。妈妈总爱叫大院里和我年龄相仿的几个女生到我家来一起缝，我们叽叽喳喳比着谁设计的造型好看，谁配的香料味道好，非常热闹。直到现在，有时我和妈妈聊起那时的趣事，还能一起笑好久。

　　童年时的这些仪式，也被我带到了现在的核心家庭。只要有时间，我总是尽可能地带着孩子包粽子、缝香包。在欣欣三四岁时，只要她知道粽子和过节有关就行，我会教她画粽子；她长大一些了，我会主动邀请她和我们一起包粽子；现在欣欣最喜欢的环节就是给包好的粽子捆上绳子。这种仪式，已经不仅仅是对习俗的传承，更是孩子对温馨愉悦的童年的回忆。

　　媒体报道过许多因为学习压力过大或是成绩不理想而选择轻生的孩子，他们遗书里多是和学习相关的挣扎和绝望。当走向社会后，在工作压力之下，不少人也会过于注重外在得失，忽略家庭的美好。正如前文所说，无论是年幼的孩子，还是长大后的成人，都需要发现生活中尤其是家庭生活的美好。如果家中有令他们留恋的家庭活动，有让他们感到有趣的家庭仪式，都会在他们的成长岁月里留下温馨的记忆。当面对挫折时，他们也不会那么容易想不开甚至选择轻生了。

📖 开有用的家庭会议

家庭会议的灵感来源于我这十几年带夏令营的工作。

在夏令营中，我会根据孩子们的能力采取"老师支持，孩子自制"的管理方针。每一天，孩子在活动当中的具体表现、出现的问题、对后面活动的规划等，都有可能变成会议的议题，在晚间的小组会议中大家一起讨论。渐渐地，孩子们爱上了这种仪式。在闭营活动上，不少孩子谈到最喜欢的环节就是每天晚上大家一起"开会"。

在夏令营中，有一个小男生小瑞总是说脏话，遭到了他所在的红队甚至其他队成员的抗议，但抗议收效甚微。第二天晚上，我来到红队的会议现场，发现他们当天的议题是如何帮助这个孩子改掉说脏话的坏习惯。

红队队长是大家都喜爱的老营员阿丹，很有领导风范。他说："你们想想，当你碰到困难，你希望别人怎么帮助你？骂你太笨了，还是告诉你正确的方法？你更喜欢哪一种？"大家纷纷表示当然希望得到帮助啦！

阿丹说："我们是一个团队，大家要帮助小瑞，而不只是批评他甚至放弃他。"

另外一位营员提议："我们每个人跟小瑞讲一个经验来帮助他吧！"

于是大家轮流向小瑞传授经验，说着说着，大家开始表扬小瑞的优点，比如他讲义气，有责任感，团队意识强。

最后，小瑞既开心又羞愧，他跟大家保证："我一定不再说脏话了，相信我，我不会给我们团队抹黑的！"

就这样，孩子们用一次会议解决了这个"难题"。经过观察，我发现红队越来越团结，团体活动时配合也越来越默契。营会结束的前一天晚上，我又来到了红队的小队会场，发现孩子们在向各自身边的队友表示感谢，说到激动时大家都哭了。直到有人喊了一声："快别哭啦！纸巾都用完了，再哭就得用厕纸了！"大家又笑了。我也哭了，内心充满了对孩子们彼此接纳、善良友爱、自我成长的感动。

在我带的夏令营中，开会这个平时大多存在于成人世界的活动，成了一项令人期待的"每日仪式"。营员们在这里可以表达，能够被听到；可以提建议，可能被采纳。他们还通过这种深度的交谈相互了解，结下了深厚的友谊。

开会这种形式简便高效，同样可以被运用到家庭生活中去。

但是，在家庭中开会和在单位是不一样的，要想家庭会议变得高效，你需要注意在家庭环境中，这种仪式要被赋予特殊的规则、时间与内容的灵活度。

首先，我们可以制定一条"通过家庭会议决策家庭问题"的规则，这体现了家庭教育中平等尊重的原则。接下来，建议固定家庭会议召开的时间。人们在不确定的情况下容易焦虑，而确定性能使人感到踏实、情况可控，因此，这种设置不仅给家庭成员在参会时提供了平稳情绪的基础，还能使他们提前做准备，最终使会议更高效。最后，每次会议时赋予家人不同的角色，使这项仪式守序又不失灵活。

之所以需要特别强调以上三点，是因为当会议成为家庭的仪式，家庭成员就能明确其重要性和严谨性。家庭会议和日常聊一聊就有了不一样的意义，每

个人明白在家庭会议上自己拥有表达的权利，同时也有维护的义务。因此，大家才会重视和保护家庭会议。

具体说来，我们可以从三个角度出发，把一个会议塑造成你家专属的家庭仪式。

身的角度

与家人一起，共同制定出相对详细的会议安排。

稳定的时间。根据需要，可以固定一个周期频率，比如每周一次或两周一次。每次会议的时间可以根据具体情况进行阶段性调整。刚开始时，建议时间不要太长，确定开会的频率更加重要。这样一方面是给成员以稳定感，另一方面是显示对这件事的重视和仪式感。

确定的内容。可以在会议前列出一个议题清单，将需要讨论的议题提前写在上面，要注意每个人都可以提出议题，同时确保参加会议的人知道清单上有哪些内容。在书写提议的时候，尽可能考虑到家庭所有成员的年龄特点和理解力，用他们能够理解的方式表达，尤其要照顾家中年龄较小的孩子。具体议题可以是家务分配、假期计划、处理冲突，以及对某人做法的不同意见等。

放松的环境。家人可以围坐在一张干净的桌子旁边，准备些茶水小吃，以及讨论时需要用到的纸笔、白板等。这种人人有责任、有话语权的时刻总是令人很期待。

心的角度

让每个人都乐于参与，乐在其中。

富有趣味性。家庭会议最好的基调是有趣，这样大家更乐于参与，表达起来也会更放松。放一个短片能让小孩子有所期待，跟大一点儿的孩子分享最近发生的好玩的事能够让大家兴趣盎然。

全员参与。不要把众人都能参与的"建设性意见交流会"开成单向的"上级意见传达会"。在会议中，要力争人人能表达，在某位家庭成员表达时，其他成员要给出积极的反馈。因为，家庭会议是一个家庭里所有人的事，无论大小，人人都有份。

育的角度

家庭会议是成员们展示自我的平台。在这个平台上，问题的解决技巧、对事情的独立思考、对观点的准确表达、对社会现象的探讨以及正确三观的建立等内容都应该有一席之地。

要想在家庭会议上帮助孩子实现以上这些技能，我们需要把家庭会议变得高效和有效。

高效。一个计时器和一个"简易话筒"是很好的道具，拿到话筒的人可以讲话，但时间到了就需要将话筒交给下一位发言者。这样可以让孩子感受到，在会议中每个人发言、倾听、表达、思考、回应的机会都是大致均等公平的。

有效。会议形成的决策、决议要一致并且能被实现，大家共同对约定负责。此处的"一致"是指与会各方均赞同此项决策，而不是一方强制要求另一方做出的承诺或要求。在具体执行的过程中，除了要开诚布公地讨论，在最后的投票环节，一定要强调每个人都有投支持票和反对票的权利。

高效和有效能让参会的每个人感受到开会是有意义的。在此基础之上，可以根据不同的议题有针对性地锻炼孩子的各种能力。比如，当妈妈和孩子因为考试成绩不好而冷战时，开家庭会议就很有必要了。爸爸可以先分别请孩子和妈妈说出自己对考试成绩的看法，在陈述的过程中，爸爸需要提醒双方千万不要插嘴，让主讲人能尽量准确表达自己的想法。然后，爸爸可以作为主持人将双方的想法列出来，就其中的几点发表自己的建设性意见（注意一定要给孩子留有独立思考的机会），对于其中比较重要的内容，爸爸可以请孩子说出自己的观点和理由。在你来我往的沟通中，妈妈和孩子才能逐渐明白彼此的心意，进而将矛盾化为无形。在会议的最后，与会各方可以先就学习成绩的目标达成一致，并请孩子根据自己的能力书写一个学习计划，在下一次家庭会议中讨论。

上面这种做法，不仅能缓解家庭矛盾，还给予了孩子独立思考和表达的机会。大家会对下一次家庭会议充满期待，孩子在以后的学习中也会逐渐理解父母的用心良苦，明白自己应该如何来一步步实现学习目标。这就是一次成功的家庭会议形式。

总之，家庭会议如果利用得当，可以帮助孩子更好地适应未来社会的环境，积极投入一项任务中并选择合适的与人相处的方式，明确自己的角色，增强对团体的责任感等。这些都是孩子成为一个健全的社会人所需要具备的能力。

开学两个月了，7岁的格格基本适应了小学生活。有一天放学回家时，格格对妈妈说："妈妈，早上谁第一个到班上，谁就能当测温员，给同学们测体温，我也想当。"

"好啊，妈妈支持你，明天我提早十分钟叫你。"

第二天，格格提前起了床，也早早去了学校。放学时，妈妈看格格一脸不高兴，问她怎么了。

格格有些失落："我今天还是没当上体温测量员，因为有比我去得还早的同学。"

妈妈说："没关系，我们下周再起得早一点儿。"但显然格格没有被安慰到，一晚上闷闷不乐，连一向木讷的爸爸都发现了。

第二天周六下午，是格格家例行的家庭会议时间。妈妈提议讨论格格这两天在学校发生的事情。

爸爸、妈妈认真地倾听了格格的心路历程。

"昨天早上醒来时我特别困，但一想到能给同学们测量体温，妈妈叫我时，我还是一骨碌爬起来了。我一路上都在想那个体温枪怎么拿，离同学的额头多远，碰到比我高一头的那几个男生怎么办……可是我兴高采烈地到了教室，早有两个同学一左一右在门口等着了。我难过得都快哭了，后来听课都听不进去了。"

妈妈作为主持人，先请爸爸发言。爸爸说："哎呀，难过得都快哭了还忍着没哭，说明我女儿很坚强啊！"

格格听了，小脸露出一丝微笑。爸爸接着说："你这么想为大家服务是好事啊，你们班还有没有别的岗位呢？你是不是可以试着去争取一下呢？"

格格想了想，掰着手指头说："我们班最近要出板报，老师说，谁会写字画画都可以报名；马上要开班会，老师也让大家报节目；还有中午协助老师帮大家盛饭的工作……"还真不少，格格越数越高兴。

妈妈也来了兴趣："怎么得到这些工作呢？"

"大部分是自愿报名，像出板报，如果画画写字好，就容易被选上。"

妈妈鼓励道："你画画很不错啊，完全可以争取一下板报工作。"

听到这里，格格自信也来了："我星期一拿几幅最近画的画给老师看，争取下这个机会，我会告诉老师'保证完成任务'。"

爸爸故意泼冷水道："还是算了吧，万一没被选上，又难过一天，我可心疼喽！"

格格有些发愣，像在思考。妈妈接着唱红脸："有为集体做事情的愿望是好的，为了达成愿望还需要做出努力，那是不是所有的努力都能使愿望达成呢？"

格格想了想昨天的事情，摇了摇头。

妈妈说："如果每一次都因为自己付出了却没有回报而委屈、难过，这些坏情绪就像你养的蚕宝宝吃桑叶，看着不起眼，可一次次叠加起来，会把你的快乐给吃没的。那妈妈也跟爸爸一样会心疼的。"

格格认真想了想："爸爸，妈妈，我明白了，一次机会失去了，还有很多机会可以选择，我现在就不难过了。如果周一没选上出板报，我还可以申请画手抄报。"

爸爸趁热打铁："既然想争取，我们就要有争取的态度嘛！想想昨天是为什么没有当成测温员的？同样的错误，知道了，咱就规避它。"

经过好几轮的讨论后，格格做了一个规划，不仅准备了画作，还准备了一份关于板报的小规划。最后，格格满意地欣赏着她的"杰作"，说："这要是还选不上啊，我也不能浪费了，我就出在咱们家的黑板上吧！"

家庭仪式能够在变化不断的社会中，为家庭成员提供稳定的精神寄托；能够在永不停歇的时间长河中，留下共同经历的温暖回忆；能够帮助父母向孩子传递家庭的价值观；能够为父母培养孩子时提供合作、支持、分享社会经验的机会。

最后，你可以想象一下，在你的家庭仪式中，通过有序的规则、温馨的家庭时间和灵活实用的议题，用一种润物细无声的形式把家庭文化中的积极、温暖、善良、友爱、坚定、果敢等信念传递给了下一代，那这是不是意味着你的生命在无形中也得到了升华。

当良好的家庭文化通过家庭仪式在孩子身上得到传承，应该是为人父母最想看到的，也是令他们欣慰的事情吧！

欣大侠的小故事

这天晚上，正是我们家一周一次的家庭会议时间。大家吃完晚饭，围坐在客厅的沙发上，和平时开会不同的是，欣欣怀里抱着我家的小胖猫"天一"。

"欣欣，咱们开会就开会，你还抱着猫干什么？"

欣欣撸了撸猫头，"天一是我的秘密武器，我当然要抱着它了。"

我挑挑眉，没再多说什么。

这次的会议议题是"欣欣的整牙方案"。

前段时间，我们一起去了趟牙科医院，定下了欣欣整牙的计划安排。不过，在整牙的具体方案上，我们产生了分歧。

医生提出了两套方案，一套需要拔牙，一套不需要。我和爸爸支持拔牙，而欣欣反对。

我和爸爸的理由是，拔了牙后再整牙，整个周期会缩短，这个过程中的不确定因素也会减少。如果半途中出现了问题，能够方便我们后续随时调整。

欣欣对此却有不同意见。

她说："如果按照你们的方案，我可是要拔掉整整四颗牙啊！你们知道这意味着什么吗？"

爸爸没吭声，默默地看欣欣表演。我很配合地回答说："不知道，意味着什么啊？"

"哼，我就知道你们都不懂。"欣欣得意地看了我们一眼，"我查过了，人的恒牙有28颗，就算加上智齿也才32颗。我这么一拔就是四颗牙，一下子就少了七分之一，也太多了吧！我本来就没几颗牙，这么一来，等我老了，岂不是要比同龄人更容易没牙？我看爷爷奶奶现在牙都掉光了，吃饭都要用假牙，好麻烦的！"

我点点头，"你说的倒是有些道理。"

"可不是嘛！"欣欣叫道。

"不是因为你怕疼？"爸爸突然问道。

"当、当然不是！"欣欣眼神飘移了一下，马上梗着脖子否认。

最后我们还是决定投票。

投票时，我和爸爸还是投了拔牙，欣欣投了不拔牙。这时候，小丫头怀里的小胖猫终于派上用场了。

"天一也是家庭成员，它也有投票权。天一投不拔牙，四票反对！"说着欣欣举起天一的三只小胖爪。

我和爸爸对视一眼，认可了天一的投票权，不过我提出一个个体只能算一票，四票反对无效。

欣欣在这个问题上倒是不执着。她说："这样也行，好歹我也整了个平票。"

最后，我们整理了当天的会议记录，并带着这份记录去找了医生。

医生看了看记录中欣欣的观点，竟然表示支持。

他说拔牙的方案的确有可能出现欣欣说的这种情况，如果在意以后掉牙的问题，不拔牙也可以。

没想到小丫头因为怕疼找的理由竟然还歪打正着了！

就这样，欣欣保住了她那四颗宝贵的牙。

☆ 我想与您分享 ☆

在这次会议中，我们之所以同意保留小胖猫"天一"的投票权，主要原因就是欣欣明显处于弱势，如果父母意见一致，那她的发言再有道理，也没有机会成功了。这就变成了"一言堂"，所以我们接受了她的"援军"。

不管是欣欣在会前查资料，准备好了再提出开会，还是靠小猫为自己拉票，这些行为都让我们感到很欣慰，因为这些都显示着欣欣目标明确，并会努力寻找资源，寻求解决问题的方案。

这些行为值得父母肯定甚至学习。

另外，我的态度是，当孩子是当事人时，父母不要轻易下结论，尤其是当父母本身也不怎么了解整件事的全貌时（在拔牙这件事上，我和爸爸都不具备牙科专业知识），应该积极听取当事人的意见，并听从场外专业人士的建议。

最后，这次家庭会议不仅解决了欣欣整牙的大事情，还让我和欣欣爸爸看到欣欣处理问题的能力，也让欣欣得到了为自己的事情做决定并努力争取的机会。

第二AA

冲突篇：冲突 → 成长
① 直面竞争
② 冲突管理
③ 化解冲突

第一AA

原则篇：家庭教育基础
① 无条件的陪伴
② 接纳·尊重
③ 合作·共赢

氛围篇：家庭教育理想园
④ 有魅力的教养
⑤ 兴趣的魔力
⑥ 游戏的力量

文化篇：家庭文化
⑦ 家庭规则
⑧ 家庭时间
⑨ 家庭仪式感

教养篇：教养——家庭名片
④ 行为习惯
⑤ 与人相处
⑥ 榜样力量

品格篇：好品格赢在未来
⑦ 跨越挫折
⑧ 迎接挑战
⑨ 抵制诱惑

第三AA

成长篇：独自出发
① 生命教育
② 提升适应性
③ 养育的力量

格局篇：不设限
④ 用"心"走世界
⑤ 用"恩"接收信息
⑥ 用"阅"打破壁垒

社会化篇：走向未来的力量
⑦ 亲密关系
⑧ 职业生涯
⑨ 值得尊重的人

家庭教育真知道